世界の子どもたち

のぞいてみよう、みんなのくらし

これは**わたし**の本です。

あなたの写真を
はりましょう。

なまえ

世界の子どもたち
のぞいてみよう、みんなのくらし
2018年12月31日　第1刷発行

著　者　キャサリン・サンダース、サム・プリディ
　　　　ケイティ・レノン
発行者　岩崎弘明　　編集　大塚奈緒
発行所　株式会社　岩崎書店
　　　　〒112-0005
　　　　東京都文京区水道1-9-2
　　　　TEL／03-3812-9131（営業）
　　　　TEL／03-3813-5526（編集）
　　　　振替／00170-5-96822

＜日本語版制作＞
翻　訳　太田てるみ
翻訳協力　江幡　綾
装丁アレンジ　村﨑　和寿
編　集　グループ・コロンブス

Published by IWASAKI Publishing Co.,Ltd
Japanese Text©2018 Terumi Ota
NDC383 31×26cm 80頁
ISBN 978-4-265-85120-1
岩崎書店ホームページ　http://www.iwasakishoten.co.jp
ご意見、ご感想をお寄せください。　info@iwasakishoten.co.jp
乱丁本・落丁本は小社負担にてお取り替えいたします。

本書のコピー、スキャン、デジタル化等の無断複製は著作権法上での例外を除き禁じられています。本書を代行業者等の第三者に依頼してスキャンやデジタル化することは、たとえ個人や家庭内の利用であっても、一切認められていません。

Original Title: Children Just Like Me
Copyright © 2016 Dorling Kindersley Limited
A Penguin Random House Company

Japanese translation rights arranged with
Dorling Kindersley Limited,London
through Fortuna Co., Ltd. Tokyo.

For sale in Japanese territory only.

Printed and bound in Malaysia

A WORLD OF IDEAS:
SEE ALL THERE IS TO KNOW
www.dk.com

もくじ

4　はじめに

6　北アメリカ
8　ローリン（カナダ）
9　リリー（アメリカ）
10　アンドレア（アメリカ）
11　ホアキン（アメリカ）
12　シミアン（アメリカ）
14　アロンソ（メキシコ）

16　南アメリカ
18　ラファエル（ブラジル）
20　トリニー（アルゼンチン）
22　ミゲル（コロンビア）

24　ヨーロッパ
26　アレク（イギリス）
27　ジャック（アイルランド）
28　マタス（フィンランド）
29　マルティナ（ポーランド）
30　ソラル（フランス）
31　モルガン（フランス）
32　マリア（ギリシャ）
33　ルカス（スペイン）
34　クララ（ドイツ）
36　ステラ（スウェーデン）
37　ヤロスラフ（ロシア）

取材カメラマンたち（子ども時代の写真）

ジェームス
取材をした国：カナダ、アメリカ、メキシコ、ブラジル、アルゼンチン、コロンビア、イギリス、フランス、パキスタン、カザフスタン、オーストラリア、ニュージーランド

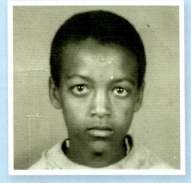

ムルゲタ
取材をした国：エチオピア

カリン
取材をした国：ボツワナ

イドリス
取材をした国：中国、モンゴル、日本、韓国、インド、イスラエル、バーレーン

38 アフリカ	**50 アジア**	**68 東南アジアとオセアニア**

- 40　バスマ（モロッコ）
- 41　ヨハンナ（エチオピア）
- 42　シゴ（タンザニア）
- 44　ジョシュア（ボツワナ）
- 46　ジェディダイア（ガーナ）
- 47　ハフサ（南アフリカ）
- 48　アムー（南アフリカ）

- 52　シャオウェイ（中国）
- 54　ロバート（モンゴル）
- 56　そうたろう（日本）
- 58　イェリン（韓国）
- 60　マハク（インド）
- 61　ビシュヌ（インド）
- 62　マーク（パキスタン）
- 64　ボラット（カザフスタン）
- 66　エレル（イスラエル）
- 67　ハリーファ（バーレーン）

- 70　ナイト（タイ）
- 71　アイバン（マレーシア）
- 72　タイ（ベトナム）
- 74　アンドレ（オーストラリア）
- 75　クララとルーシー（オーストラリア）
- 76　ジェイミー（ニュージーランド）

- 78　用語集
- 80　さくいん

アラン
取材をした国：モロッコ

アンディ
取材をした国：イギリス、アイルランド、フィンランド、ポーランド、フランス、ギリシャ、ドイツ、スウェーデン、ロシア、タンザニア、ガーナ、南アフリカ

ビン
取材をした国：タイ、マレーシア、ベトナム

マイク
取材をした国：スペイン

はじめに

　このたび、新しい「世界の子どもたち　のぞいてみよう、みんなのくらし」をみなさんの元にお届けすることができ、とてもうれしく思います。この本は世界の子どもたちの生活を紹介する本です。初めて出版されたのは1995年でした。それから約20年がたち、子どもをとりまく環境は大きく変化しました。また、当時取材した子どもたちはすっかり成長し、もう30歳くらいになっているころでしょう。そろそろ、1995年版とは別に、現代の子どもたちを紹介する2016年版を作る時期が来たのではないか、編集部はそう考え取材を始めました。

　この本に登場する子どもたちはいろいろな国から選ばれていて、そのくらしぶりはさまざまです。個性的な服装だったり、その国でしか食べられない食べ物だったり、どの子もその国ならではの日常を見せてくれます。その一方で、住む国が違っても、子どもたちは同じゲームをして遊び、同じことを悩み、同じことをおもしろいと感じているのです。この本を作ってはっきりと分かったこと、それはどこに住んでいようが、どんな時代であろうが、子どもたちはみなとても個性的で才能に満ちているということでした。この本を通して、そうした輝いている子どもたちに心から賛辞をおくります。

　　　　ソフィー・ミッチェル（DK社 児童書籍出版部ディレクター）

　　　　Sophie Mitchell.

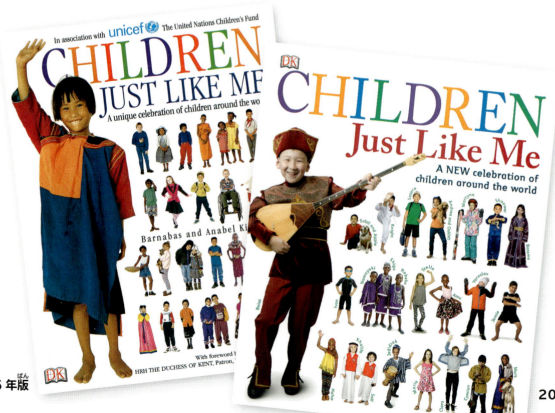

1995年版　　2016年版

より良い未来をつくるために

　この本の取材を通して、子どもたちはみんな同じようなテーマに関心を寄せているということが分かりました。そこで、このページでは、テーマ別に関係する慈善団体を紹介します。みんなも、お手製のケーキを売ったり、スポーツを通して募金を集めるなどして、慈善活動に協力してみませんか。

教育

取材した子どもたちの多くが関心を寄せています。世界中の子どもがみな教育の機会に恵まれるといいですね。

【Child to Child】
子どもたちの健康的で安全な生活と平等な教育機会を目指す。特徴的なのは、その実現のために子どもたち自身が活動をしていること。

【Idara-e-Taleem-o-Aagahi（ITA）】
パキスタンの国民がみな平等に教育を受けられるように支援活動をする。

「どの子もみんな学校に行けるようになったらいいな」

マハク
インド在住

動物福祉

「動物には優しくしてあげて。ひどいことをしないでほしい」

この問題にも高い関心が見られました。動物がひどい扱いをされないようにみんなが願っています。

【People for the Ethical Treatment of Animals（PETA）】
動物が苦しみから解放されるように監視活動をする。

【World Wide Fund for Nature（WWF）】
トラやクジラなど、絶滅の危機に瀕している動物を守る。

リリー
アメリカ在住

環境

1995年版に比べて、2016年版の子どもたちのほうが、環境保護への関心が明らかに高いことが分かりました。

【国際環境NGO グリーンピース】
環境を破壊する事柄に対して抗議活動を行う。

【Friends of the Earth】
地球温暖化のような環境問題に対して、解決の方法を探す。

「ガンを治す方法を見つけたい」

ボラット
カザフスタン在住

健康

将来、医師や看護師になりたいと思っている子どもがたくさんいました。

【赤十字国際委員会（ICRC）】
世界各国で緊急の医療支援を行う。

【Teenage Cancer Trust】
ガンと闘う若い患者たちを支援する。

「恵まれないくらしをしている人たちを助けたい。毎日の生活にも困る人たちの力になるの」

アムー
南アフリカ在住

「森林の伐採が少なくなるといい」

ラファエル
ブラジル在住

貧困

一番関心の高い問題。恵まれない環境にある子どもたちについて、みんなが心配をしています。

【セーブ・ザ・チルドレン】
世界中の子どもたちを守るために支援活動を行う。

【国連児童基金（ユニセフ）】
子どもたちが可能性を十分に伸ばして成長できる、そんな社会の実現を目指す。

北アメリカ

北アメリカは、大陸と島々からなる広大な地域です。大陸の北側にある国はカナダで、その北部に広がる平原は一年中、氷におおわれています。対照的に、大陸の南側、中央アメリカの国々にはジャングルや砂漠が広がっています。そして、大陸の中央にあるのがアメリカ合衆国（以下アメリカ）。何千年も前からくらす人々がいる一方で、ヨーロッパやアフリカやアジアから移り住んだ人々の子孫もくらしています。

データファイル
北アメリカの東側には大西洋、西側には太平洋が広がる。

人口
5億3000万人

国の数
23か国

人口が一番多い都市
メキシコ市。メキシコの首都で2000万人以上がくらす。

一番長い川
ミシシッピ川〜ミズーリ川〜ジェファーソン川は全長6275kmになる。

一番高い山
アラスカ州のデナリ山は高さ6190m。

パンケーキ
アメリカやカナダで人気の朝食はパンケーキ。あまいクリームや新鮮なフルーツをトッピングして食べます。

マヤ遺跡
メキシコとグアテマラのジャングルの中に点在するピラミッド型の遺跡群。1000年以上も前に、マヤの人々によってつくられました。

グランドキャニオン
アメリカのアリゾナ州にある渓谷。浸食作用によってけずり出された地形です。深いところは1800mにもなります。

ハイイログマ
アメリカとカナダの森にはハイイログマが生息しています。大型のほ乳類で、好物は秋に川を上ってくるサケです。

野球
北アメリカで人気のスポーツは野球です。ルールは簡単。バットでボールを打ち、塁を一周すれば得点となります。

カナダ
ローリン（8 ページ）

アメリカ・アラスカ州

アメリカ・オハイオ州
リリー（9 ページ）

アメリカ・ニュージャージー州
ホアキン（11 ページ）

グリーンランド
（デンマーク自治領）

アラスカ州

カナダ

モンタナ州

アメリカ

オハイオ州

ニュージャージー州

カリフォルニア州

サウスカロライナ州

テキサス州

メキシコ

ハイチ

キューバ

ドミニカ共和国

ベリーズ

ジャマイカ

グアテマラ

エルサルバドル

パナマ

ニカラグア

コスタリカ

アメリカ・モンタナ州
シミアン（12-13 ページ）

アメリカ・カリフォルニア州

アメリカ・テキサス州

アメリカ・サウスカロライナ州
アンドレア（10 ページ）

メキシコ

メキシコ
アロンソ（14-15 ページ）

グアテマラ

ニカラグア

ジャマイカ

ローリン

ローリンはカナダのケベック州に住む8歳の女の子。ケベック州はフランス語を使う地域なので、ローリンは英語とフランス語の両方が話せます。学校の授業も、半分は英語、半分はフランス語で受けているそうです。また、動物が大好きなので、ローリンはペットを9匹も飼っているんですって。ネコ、ヘビ、モルモット3匹、ハムスター、フェレット3匹と一緒の毎日って楽しそうですね。

ローリンと本当のパパ

週末は本当のパパのサンディと会う日。パパとは英語で話すんだって。パパの仕事は「航空交通管制官」といって、飛行機が安全に離陸や着陸ができるようにパイロットを助ける仕事だよ。

サンディ パパ／ローリン

平日は新しい家族と

平日は、この家でお母さんのアルメルと新しいお父さんのエリックと一緒にすごすよ。エリックの二人の子どものキアナとガエルも週の何日かはこの家でくらしている。

ローリンの家

エリック 新しいお父さん／アルメル お母さん
キアナ 新しい妹／ローリン／ガエル 新しいお兄さん

カナダ人の大好物

プーティン／チキンウイング

プーティンはケベック州でも人気のカナダ伝統料理。フライドポテトとチーズの上にグレイビーソースをかけるんだって。チキンウイングと一緒に食べるとおいしいよ。

ペットのフェレットの名前はアッチューム。フランス語で「くしゃみ」という意味。

「町の歩道をぜんぶトランポリンにしたらとっても楽しいと思うの」

わたしのサイン

Lauryn

「こんにちは」は何て言う？

Bonjour
ボンジュール

住んでいるところ

ケベック州最大の都市モントリオールの郊外。

モントリオール

モントリオールはカナダで2番目に大きな都市。中心部と郊外を合わせて400万人以上が住んでいる。

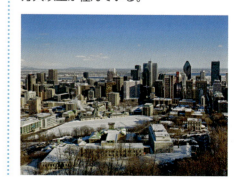

リリー

リリーと弟のリッジ。ハロウィンの仮装でイチゴとヒヨコに変身。

7歳のリリーは、アメリカのオハイオ州の農場に住んでいます。おしゃれが大好きで、特にハロウィンの仮装はめいっぱい楽しんじゃうんですって。でも、農場を手伝うときは、いつも気軽な普段着姿。動物が大好きでペットのネコ「キティ・ソフト・パウ」をかわいがっています。趣味はアクロバティックダンスなんだそうです。

スモアというおかし。たき火で焼いたマシュマロを、チョコレートにのせて、クラッカーではさんで食べる。

たき火でごはん

リリーの家族は外でたき火を囲みながら夕食をとることもあるんだって。おしゃべりを楽しみながらホットドッグやスモアを作るんだよ。

リリーの家族

リリーは両親と妹弟の5人家族。一家はおじいちゃんの農場の敷地内に住んでいるんだ。日曜日には家族みんなで教会に行くよ。リリーは聖歌隊のメンバーなんだって。

- ジェフ おじいちゃん
- タラ お母さん
- リッジ 弟
- リリー
- ジェイソン お父さん
- アンナ 妹
- マルセラ おばあちゃん

わたしのサイン

Lily

「こんにちは」は何て言う？

Hi
ハイ

住んでいるところ

アメリカの中西部にあるオハイオ州。そこのキャロルトンという村。

農場のくらし

リリーは農場が大好き。木登りをしたり自然の中を歩いたりできるから。すぐ隣がおじいちゃんの家というのも気に入っている。

アンドレア

7歳のアンドレアは、アメリカ東海岸のサウスカロライナ州に住んでいます。チアリーダーをしていて、練習は週に2回。学校のアメリカンフットボールの試合があると、みんなの前でパフォーマンスをして、ゲームを盛り上げます。ほかにも体操が大好きで、得意なのは回転技。かっこいい宙返りもできるそうですよ。

キム おばあちゃん
エボニー お母さん
アンドレア

「早く赤ちゃんが生まれないかな。弟なんだって」

家ではのんびり

アンドレアはこの家が大好き。おばあちゃんの家がすぐ近くにあるからね。家にはアンドレアの部屋もあって、犬のクラウスはいつもアンドレアのそばにいる。お母さんのエボニーにはもうすぐ赤ちゃんが生まれるんだって。

アンドレアの家

これはチアリーダーのユニフォーム。パフォーマンスをするときに着る。

わたしのサイン

Andrea

「こんにちは」は何て言う？

Hello
ハロー

住んでいるところ

アメリカ南東部のサウスカロライナ州。

学校は別の州

アンドレアの住む町はサウスカロライナ州のフォートミル。でも、学校は隣の州にある。州の境を越えてノースカロライナ州のシャーロットまで通っている。

南部の料理

アンドレアがよく食べるのはアメリカ南部の伝統料理。リブ肉を焼いたものや、グリッツが有名でおいしいよ。グリッツはあらくひいたトウモロコシの粉で作るおかゆのような食べ物。朝ごはんに、エビやベーコンをのせて食べることが多いんだ。

リブ肉の料理
エビのグリッツ

親子でアート

お母さんの趣味はアート。アンドレアと一緒に絵を描いたりすることもあるよ。

ホアキン

ホアキンは毎日夕食のあとトロンボーンの練習をする。

ホアキンは11歳。「庭園の州」と呼ばれる緑豊かなアメリカのニュージャージー州に住んでいます。ブラスバンド部のメンバーで楽器はトロンボーン。年に2回、演奏会にも参加しています。また、お父さんとお母さんはスペイン語が話せるので、ホアキンもスペイン語がよく分かるんだそうですよ。

ジャレッド お父さん
ステファニー お母さん
ナタリア 妹
ホアキン

家族との毎日

ホアキンは両親と8歳の妹ナタリアとこの家でくらしている。母方のおじいちゃんとおばあちゃんも近くに住んでいるよ。ホアキンを学校まで送ってくれるのはおばあちゃんなんだって。

ホアキンの家

好きな食べ物

ホアキンはなんと言ってもベーコンが大大大好き。家ではほかにも、ピザやハンバーガーのようなアメリカ料理をよく食べるんだって。夏には、外でバーベキューを楽しむこともあるよ。

ベーコンエッグマフィン

ぼくのサイン

Joaquin

「こんにちは」は何て言う？

Hello
ハロー

住んでいるところ

アメリカ北東部のニュージャージー州。

ニューヨーク

ホアキンは、アメリカで一番人口の多い街、ニューヨーク市の近くに住んでいる。ニューヨーク市には800万人以上がくらしている。

「歴史が好き。特に戦争についてもっと勉強したい」

歴史が得意

ホアキンは昔のことに興味があるんだ。おもちゃの兵士で遊んだり、歴史の本を読んだりしてすごすことが多い。大人になったら歴史の先生か古生物学者（化石を探す人）になりたいんだって。

シミアン

アメリカのモンタナ州にすむ10歳のシミアンは、アメリカ先住民がそのルーツです。アメリカ先住民とは、ずっと昔からアメリカの大地に生きてきた人々のことで、シミアンの一家はその中でもショーニー族の子孫にあたります。アメリカ先住民の人口はアメリカ総人口の約2%と少なく、一家にとって祖先の伝統を守ることはとても大切なこと。彼らはアメリカ先住民教会のメンバーで、先住民居留地と呼ばれる土地に住んでいます。

モッシー・クリーク お姉さん
ダーシー お母さん
ジョゼフ お父さん
マルジュ おばあちゃん
ミッチェル 弟
シミアン

シミアンの家族

シミアンは5人家族。お姉さんのモッシー・クリークと弟のミッチェル、そしてお父さんのジョゼフ、お母さんのダーシーとくらしているよ。両親はサリット・クーテネイ大学の学生なのでいつも勉強にいそがしい。だから、子どもたちはおばあちゃんのマルジュとすごすことが多いんだって。

シミアンの家

シミアン一家は大学の敷地内に建てられた家に住んでいる。両親が大学を卒業したら、新しい家を探して引っ越す予定だ。

アメリカ先住民の伝統料理

シミアンたちがよく食べるのは、コーンスープのようなショーニー族の伝統料理。でもシミアンはマカロニやステーキやピザも大好き！ 料理をするのはお母さんだけってわけじゃなくて、ほかのみんなも手伝うよ。

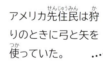

アメリカ先住民は狩りのときに弓と矢を使っていた。

楽しみなハロウィン

シミアンにとって一年で一番楽しい日はハロウィン。友だちと一緒に近所の家をまわって、お菓子をたくさんもらうんだ。

お父さんと演奏したい

シミアンは今、アメリカ先住民の文化を勉強中。お父さんからドラムのたたき方を習っているよ。お父さんが教会で歌うとき、シミアンがその歌に合わせてドラムをたたけるようになりたいんだって。いつか上手になったら、伝統儀式で演奏したいと思っている。

「お父さんの歌に合わせてドラムをたたけるようになりたい」

きょうだいが着ているこの民族衣装はお母さんの手作り。

羽根の扇子は踊りのときにゆらして使う。

ぼくのサイン

Cymian

「こんにちは」は何て言う？

Hello
ハロー

住んでいるところ

アメリカ北西部のモンタナ州。

家族のテント

家の庭にはティーピーという、アメリカ先住民の伝統的なテントがある。木の支柱に布や動物の皮を巻きつけて小屋のようにしたものだ。

夢は野球選手

野球が得意なシミアンは、ロナン・シザーテイルというチームでプレーをしている。コーチはなんとお父さん。大きくなったら、有名野球チームの選手になりたいんだって。

アロンソ

アロンソは9歳の男の子で、メキシコ南部の町に住んでいます。メキシコの地形は変化に富んでいて、北の砂漠地帯から南のジャングルにおおわれた山間部まで、さまざまな景色が広がります。アロンソはそんな大自然の中をボーイスカウトの仲間たちとハイキングをし、その冒険の様子を写真に撮ったりして楽しんでいます。アロンソの家族は、すべての人がその出身や宗教にかかわりなく、みな平等に扱われる世の中になってほしいと願っています。

アマンダ　オーロラのパートナー
オーロラ　お姉さん
ルイス　お父さん
リリアナ　お母さん

ハビエル　弟
パンフィロ
アロンソ

家族

アロンソ一家は、両親のルイスとリリアナ、そして6歳の弟ハビエルの4人家族。そして、お姉さんのオーロラと彼女のパートナーのアマンダも一緒の家に住んでいるんだ。ペットの犬はパンフィロという名前だよ。

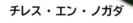

チリ（ピーマンのようなもの）に肉とスパイスをつめたもの。
ウォールナッツのソース
ザクロの実

チレス・エン・ノガダ

炒ったアマラントの種にハチミツと砂糖をからめて固めたおかし。

メキシコ料理

料理を担当するのは主にお母さん。お母さんの作るチレス・エン・ノガダという伝統料理や、鶏肉にトウガラシ入りチョコレートソースをかけたモーレネグロという料理はとびきりおいしいんだって。アロンソも料理の手伝いをするのが好きなんだよ。

夕食を作るリリアナ

アレグリア

ボーイスカウトのユニフォーム

お祭り

アロンソの家族は、「死者の日」と呼ばれるメキシコのお祭りを毎年祝う。お祭りは11月1日と2日。特別な料理を作り、家の中をキャンドルや花やガイコツ形の砂糖菓子で飾って、亡くなった先祖の霊をとむらうんだ。

アロンソの家

アロンソが住むのは写真の建物。3つのタワーの中に180世帯が住んでいる。中には住民用のプールがあって、近くには森もある。アロンソはこのアパートメントが大のお気に入り。

砂糖で作られたガイコツ。これは飾るためのもので普通は食べない。

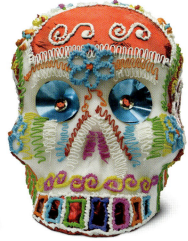

「コンピューターや新しいテクノロジーが大好きなんだ」

アロンソのゲーム機

物語を作るのが好き

アロンソは想像力豊かな子。物語を作ってそれにぴったりの絵を描くのが大好きなんだ。自分の気持ちを表すのには絵や物語がちょうどいいんだって。大人になったら画家か俳優になるのが夢なんだそう。

ぬすみが得意なキツネの話

ぼくのサイン

「こんにちは」は何て言う？

Hola

オラ

住んでいるところ

メキシコ市に近いウイスキルカンという町。

絵を描くアロンソ

学校

アロンソはモンテッソーリ・スクールに通っている。この学校では、生徒たちが何を学びたいかを自分自身で決めるんだ。授業は説明を聞くだけではなくて、実際に体験することを大切にしている。発見がたくさんあっておもしろそうだね。

ウイスキルカン

アロンソが住む町には、たくさんの家が密集している。

南アメリカ

南アメリカといえば雄大な自然や古代の遺跡に出会えることで有名ですが、都市は発展していてとてもにぎやかです。大陸の西側には世界一長い山脈であるアンデス山脈が走り、中央にはアマゾンの熱帯雨林が広がっています。熱帯雨林には何百万種類もの生き物がすんでいます。

ダーウィンハナガエル
博物学者チャールズ・ダーウィンがチリを旅していたときに発見したカエル。ダーウィンにちなんで名づけられました。

アンヘル滝
ベネズエラのジャングルの上に突き出しているアンヘル滝は落差が世界最大の滝です。その高さはなんと東京タワーの約3倍！

セビーチェ
人気のシーフード料理。生の魚介類をレモンやライムの果汁につけてマリネにしたものです。

マチュピチュ
500年以上前につくられたインカ帝国の都市マチュピチュはアンデス山脈の尾根にあります。1911年に探検家によって発見されるまで、その存在は知られていませんでした。

アンデス地方でのくらし
アンデスに住む人々はカラフルな民族衣装を着ていて、アルパカという動物を家畜として飼っています。

データファイル
南アメリカは北アメリカと地続き。北アメリカの一部の陸地が細長くのびてコロンビアの北側につながる。

人口
4億2500万人

国の数
12か国

人口が一番多い都市
ブラジルのサンパウロ。1100万人以上がくらす。

一番長い川
アマゾン川。流量は地球上のどの川より多い。

一番高い山
アルゼンチンのアコンカグア山は高さ6959m。

ラファエル

カルロス・アルベルト おじいちゃん
マウリシオ お父さん
シルビア お母さん
セリーナ おばあちゃん
ラファエル
レナト おじいちゃん

ラファエルはブラジルに住む9歳の男の子。ブラジルは南アメリカ最大の国で、話されている言語はポルトガル語です。ラファエルにはたくさん趣味があって、キーボードをひくのもそのひとつ。ほかには、自分で遊びを考えることも大好きなんだそう。多くのブラジル人と同じようにサッカーを愛してはいるけれど、一番がんばって練習しているのはスケートボードです。

都会にある家

ラファエルが住んでいるのは、ブラジルで2番目に大きい都市リオデジャネイロ。家はそのリオの南部にあって、街を取り囲む山々の景色が最高らしいよ。

ぼくのサイン

Rafael

「こんにちは」は何て言う？

Olá
オラ

住んでいるところ

ブラジルの南東部にあるリオデジャネイロ。

好きな食べ物

柿

ラファエルの好物はパスタと日本食で、一番好きな果物は柿。お手伝いさんのソランジュの得意料理はフェジョアーダ。豚肉と黒インゲン豆を煮込むブラジルの伝統料理だよ。

フェジョアーダ

ラファエルの家族

ラファエルは両親のシルビアとマウリシオと一緒にくらしている。片方のおじいちゃんとおばあちゃん、もう片方のおじいちゃんも近くに住んでいるよ。もう一人のおばあちゃんはブラジルの別の場所にいるんだけど、よく会いに行っているんだって。

世界の七不思議

リオの観光名所といえば丘の上から街を見下ろすキリスト像。2007年には「新・世界の七不思議」のひとつに選ばれたんだ。

ふわふわの友だち
ラファエルは、リノという名前のウサギを飼っているんだ。リノはラファエルと家の中で遊ぶことと、エサのニンジンが大好き。

カーニバルのコスチューム
リオのカーニバルは年に一度開かれる有名なお祭り。ラファエルは毎年、友だちと一緒に派手に着飾って出かけるんだ。街中をパレードするダンサーたちを見て楽しむんだって。

教科書
ラファエルは毎日、午前中に家で宿題をして、午後に学校に行く。課外授業で、音楽と美術と英語も習っているんだよ。

スケートボードはラファエルの宝物。

国づくり
ラファエルの趣味のひとつは自分で工夫して遊びを考えること。その遊びがこうじて自分の国までつくっちゃったんだって。それが「フランキノポリス」。独自の言語や交通システムも考えたし、細かい地図だってちゃんとある。

「ぼくはいろんな楽器がひけるけど、一番得意なのはキーボードなんだ」

家族でバンド
ラファエルの家族はみんな楽器ができるからバンドを組める。お父さんはドラム、お母さんはギターと歌、そしてラファエルはキーボードの担当だよ。

トリニー

10歳のトリニーはアルゼンチン生まれ。アルゼンチンはタンゴとサッカーと肉料理がおいしいことで有名な国です。トリニーはとても活発な女の子で、近所の教室で歌やダンスを習い、そうでないときには、テニスコートかプールで遊んでいます。ほかにゴルフも習っていて、日曜日になるとお父さんと一緒にコースを回ります。

「夢は大統領になることよ。貧しい人たちを救いたいの」

… トリニーのゴルフクラブ

フラビオ お父さん / カロリナ お母さん / ソフィア 妹 / デルフィナ 妹 / トリニー

トリニーの家族

トリニーは3人姉妹の長女。妹のデルフィナは7歳で、ソフィアはまだ3歳。姉妹そろって映画を見るのが大好きなんだそう。お母さんのカロリナはファッションデザイナー、お父さんのフラビオは銀行に勤めているよ。

住宅街でのくらし

トリニーの家はアルゼンチンの首都ブエノスアイレスにあるんだ。近所の住宅街はあまり広くないから迷わない。トリニーはそんなところを気に入っているんだって。夏になると、一家はアルゼンチンの真ん中にある都市コルドバに滞在して、きれいな川や山のそばで乗馬を楽しむんだそう。

学びの時間

トリニーは毎朝車で送ってもらって学校に行っている。でも学校までの距離はほんの3ブロックだし、もう少し大きくなったら自転車で通学したいと思っているんだ。それと、もしもトリニーに世の中を変える力があったら、教室での授業を減らして、屋外でできる勉強を増やしたいんだって。

トリニーの教会

信仰

トリニーの家族はカトリック教徒。毎週日曜日にはお祈りをするために教会に行く。トリニーはもうすぐ大切な儀式「初聖体拝領式」を迎えるんだ。式の日には、お母さんと一緒にデザインした白いかわいいドレスを着るんだって。

レジェス・マゴス

トリニーの家族がプレゼントを交換するのはクリスマスではなく、1月6日。この日は「レジェス・マゴス（東方の三博士の日）」と呼ばれていて、ラテン・アメリカの国々にとって大切な日なんだ。

トリニーの初聖体拝領式のドレス

わたしのサイン

Trinidad

「こんにちは」は何て言う？

Hola
オラ

アルゼンチンの定番

日曜日はいつも、お父さんのフラビオがバーベキュー用の火をおこして、いろいろな種類の肉を焼く。この焼き肉は「アサード」と呼ばれていて、アルゼンチンでは定番中の定番の料理なんだ。アサードを食べるときによく一緒に飲まれるのは温かい「マテ茶」。銀製の特別なストローを使って飲むんだよ。キャラメル味のペースト「ドルセ・デ・レチェ」もアルゼンチンの名物。トリニーの家で朝ごはんに出てくると、妹たちは大喜びなんだって。

お父さん特製の焼き肉「アサード」

マテ茶

ドルセ・デ・レチェ

住んでいるところ

アルゼンチンの東岸にあるブエノスアイレス。

ブエノスアイレス

アルゼンチンの首都は活気あふれる近代都市ブエノスアイレス。毎年たくさんの観光客が訪れる。レストランやお店めぐりが人気だけど、ヨーロッパの影響を受けた建築など、建物を見に来る人も多いんだって。

ミゲル

ぼくのサイン
Miguel

「こんにちは」は何て言う?
Buenas
ブエナス

住んでいるところ

南アメリカの北西にあるコロンビア。

モンテリア
モンテリアはコロンビア北部にあるシヌ川沿いの都市。主な産業は畜産。

ミゲルは南アメリカのコロンビアに住んでいます。コロンビアはとても暑い国で、ミゲルが住む都市モンテリアの平均気温は35℃。モンテリアの特産品が、かつて農場主が日よけのためにかぶっていた「ソンブレロ・ブエルティアオ」という帽子だというのもうなずけます。モンテリアの聖人の祝日など特別な日になると、ミゲルはその帽子をかぶり、チェックのシャツを着て、首にスカーフを巻くそうですよ。

ミゲルの家
9歳のミゲルは、平屋建ての家に両親、お姉さん、おばあちゃんと一緒に住んでいる。一家はカトリック教徒で、日曜日にはいつも教会に行くよ。

コロンビアといえばこの帽子「ソンブレロ・ブエルティアオ」で有名。

名物料理
モンテリアの名物料理は、フライドフィッシュをのせたココナッツライスとプランテーン(料理用バナナ)。でも、ミゲルの好物は、フライドチキンとフライドポテト!

スライスしたプランテーンのフライ「パタコーネ」。

魚は丸ごと油で揚げる。

きざんだアボカド

ココナッツライスはあまくてモチモチ。

「テレビゲームが大好きだからゲーム機がほしいな」

好きなものいろいろ
ミゲルはシシーという名前の猫を飼っていて、とてもかわいがっているよ。それとサッカーにも夢中で、夢はゴールキーパーになってスーパースターになること。あとは、コロンビア沿岸地域で生まれた民族音楽「チャンペタ」に合わせて歌ったり踊ったりするのも好きなんだって。

家族との時間

ミゲルの親せきはとても仲良し。母方のおばあちゃんヤニラはミゲルと一緒に住んでいて、家族全員の食事を作ったり、両親が仕事でいないときにはミゲルの面倒を見てくれているんだ。毎週日曜日はもう一人のおばあちゃんの家でランチパーティー。親せきじゅうが集まるんだって。

ラウラ いとこ／リーナ お姉さん／エマ お母さん／ホセ いとこ／セバスティアン いとこ
ヘスス いとこ／ミゲル／ラウラ いとこ

ミゲルの教科書

教室

おもちゃのコレクション

ミゲルのじまんはミニカーのコレクション。アクションフィギュアも集めているよ。

学校生活

毎日午前中はお姉さんと一緒に家事の手伝いをして、午後になったら学校へ。ミゲルはクラスのサッカーチームに入っているんだ。学校の大会ではミゲルのクラスは2位だったよ。

イグアナに注意！

ミゲルが友だちとよく行く公園があるんだけど、目をこらして見ると、たいてい果物や葉っぱを食べているイグアナを見つけることができるんだって。

コロンビアの伝統的なサンダル。

ヨーロッパ

ヨーロッパは対照的なものが入り交じる地域。超高層ビルの隣には、古代ギリシャ時代やローマ時代の建築物が建っています。日がさんさんとふりそそぐ地域があるかと思えば、はるか北の地では冬になるとほとんど日が差しません。東部の文化やしきたりは地域を越えてアジアの文化と融合しています。

コロセウム

コロセウムは、イタリアのローマにある古代の競技場の遺跡。剣闘士たちが市民を楽しませるために戦っていた時代の名残として有名です。

アオガラ

アオガラは小さな鳥で、ヨーロッパ全域でよく見られます。

フィヨルド

フィヨルドとは、最終氷期に氷河によって深くけずられてできた湾のこと。ノルウェーの海岸線に見られる1000以上ものフィヨルドはまさに圧巻です。

グヤーシュ

グヤーシュは、ハンガリーなど中央ヨーロッパの国々で食べられるシチューです。

多様性を大事にする文化

ヨーロッパの都心部にある学校に行くと、世界中のいろいろな国にルーツを持つ子どもたちに会うことができます。

データファイル

ヨーロッパの東側にはアジアが、南側にはアフリカがある。

人口
7億1500万人

国の数
47か国

人口が一番多い都市
ロシアのモスクワが飛びぬけて多い。1200万人以上の人がくらす。

一番長い川
ロシア平原を流れるボルガ川は全長3690km。カスピ海に注いでいる。

一番高い山
ロシアのエルブルス山は高さ5642m。

アイルランド
ジャック（27 ページ）

ドイツ
クララ（34-35 ページ）

スウェーデン
ステラ（36 ページ）

フィンランド
マタス（28 ページ）

フランス
モルガン（31 ページ）

フランス
ソラル（30 ページ）

ハンガリー

トルコ

イタリア

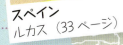
アイスランド

スペイン
ルカス（33 ページ）

イギリス
アレク（26 ページ）

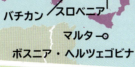
クロアチア

ギリシャ
マリア（32 ページ）

ポーランド
マルティナ（29 ページ）

25

アレク

7歳のアレクは、イギリスのイングランドと呼ばれる地域にある古都ウィンチェスターに住んでいます。お父さんはイギリス人、お母さんは東ヨーロッパのポーランド出身です。お母さんとはポーランド語で、友だちとは英語で話します。町の中心部にチョコレートアイスを食べに行くと、アレクはご機嫌になるんですって。

キノコと肉のピエロギ

おばあちゃんの料理

ポーランド人のおばあちゃんの得意料理は「ピエロギ」というポーランド風のギョウザ。家に来るといつも作ってくれるんだって。

アレクの家

家での生活

アレクは両親と、まだ赤ちゃんの妹サバイナと一緒に黄色い家に住んでいるよ。ひまなときは、愛犬ルチェクを連れて公園を散歩するよ。

「大きくなったら警察官になってどろぼうをいっぱいつかまえたい」

親友

ヒューはアレクの一番の仲良し。ヒューの家族は東南アジアのフィリピン出身なんだ。二人はいつもブロックでかっこいいものを作って遊んでいるよ。

ぼくのサイン

「こんにちは」は何て言う？

Hello
ハロー

住んでいるところ

イングランド。イギリスの地域のひとつ。

放課後に遊ぶアレクとヒュー。

アルフレッド大王

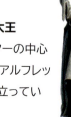

ウィンチェスターの中心には、有名なアルフレッド大王の像が立っている。

サバイナ 妹
マーク お父さん
エリザ お母さん
ルチェク
アレク

ジャック

アイルランドの農場でくらしているジャック。アイルランドはヨーロッパ本土から少し離れた島にある国です。ジャックは恐竜が大好きで、恐竜が今も地球のどこかをうろついていることを心の底から願っています！　学校ではよくアイルランド発祥の球技ゲーリック・フットボールをして遊んでいるそうです。

ゲーリック・フットボールのユニフォームを着るジャック。毎年春にプレーをする。

ジョゼフ お父さん
パメラ お母さん
ケイト 妹
アンソニー 弟
ジャック
エマ 妹
シアラ 妹

農場の家

家族の農場
ジャックは家族と一緒にのんびりとした田舎に住んでいるよ。下にきょうだいが4人いるんだけど、なんと二組の双子なんだ！ケイトとエマは6歳で、シアラとアンソニーは4歳だよ。

アイリッシュシチュー
ジャックの家族はみんなシチューが大好き。肉と野菜がたっぷり入っていて、マッシュポテトがそえてあるんだ。春には、農場で育てた子羊の肉を使うときもあるんだって。

ぼくのサイン
jack

「こんにちは」は何て言う？
Hello
ハロー

住んでいるところ

アイルランドの中央にある町キルベガン。

牛のえさやり
ジャックは週末や長い休みの間、お父さん、弟、おじいちゃんと一緒に家畜の世話をする。大人になっても農場で働いていたいんだって。

マタス

マタスは8歳。フィンランドのヘルシンキに住んでいます。活発な少年で、バスケットボールをしたりストリートダンスをしたりといつも大いそがし。冬になると、学校ではアイスホッケー、家ではピアノの練習をするそう。マタスが一番好きな季節は夏。すごしやすい気候だし、夏休みなので学校に行かなくていいからです。

「大きくなったら映画監督になりたい」

アイスホッケーのスティック

家での生活

マタスのアパートメント

これがマタスと家族が住んでいるアパートメント。同じ建物には友だちがたくさんいるから遊び相手には困らないんだ。

パヌ お父さん / モナ お母さん / マタス / イーブ 妹

ぼくのサイン

Mattus

「こんにちは」は何て言う？

Hei
ヘイ

住んでいるところ

フィンランドの首都ヘルシンキ。

ヘルシンキ
ヘルシンキは海に面している。マタスの好きなリンナンマキ遊園地もある。

レバーキャセロール

マタスの好物はレバーキャセロール。米、刻んだレバー、バター、シロップ、卵、玉ねぎを混ぜてオーブンで焼く料理だよ。

フリースタイルが得意

マタスはストリートダンスのチームに入っていて、週に5時間の練習をしている。チームは去年、フィンランドの全国キッズダンスコンテストで金メダルをとったんだ。

マルティナ

10歳のマルティナはポーランドのグダニスクに近い田舎町に住んでいます。静かにのんびりとすごすことが多く、庭で遊ぶのも好きです。いま夢中になっているのはギター。家でも学校でも練習にはげむ毎日です。学校を卒業したら、パリかニューヨークに行ってみたいんだそう。

マルチン お父さん / カタジナ お母さん / マルティナ / マルビナ 妹

マルティナの家族
マルティナは5歳の妹と両親の4人家族。両親は二人ともエンジニアだよ。週末はみんなで水泳やサイクリングを楽しむんだって。

マルティナの家

マルティナの趣味はギター。歌うのも好き。

チェルボネ・ブラチュキ（ビーツのサラダ）

ゴウォンプキ（ロールキャベツのトマト煮込み）

コトレティ・ミエロネ（ポーランド風ミートボール）

ディナーの時間
マルティナの家の定番メニューは、ポーランド風ギョウザや肉料理。マルティナが好きなのは、自家製の野菜とパンケーキなんだけどね。

わたしのサイン

Martyna

「こんにちは」は何て言う？

Cześć
チェシチ

住んでいるところ

グダニスク。読み方は英語では「グダンスク」に近い。

グダニスク
1000年以上の歴史がある、ポーランドの港町。

防寒着
マルティナも妹のマルビナもスキーが大好き。スキーに行くときは絶対に、体を冷えとけがから守ってくれる分厚いスキーウェアを着ていくよ。

ソラル

ソラルは、フランス北東部の町ナンシーで生まれました。公園で遊ぶのが大好きで、いつもキックボードをしたりすべり台をしたりしています。晴れの日にはスタニスラス広場という大きな広場に行って、ザクロ味のジュース「グレナディン」を飲むんですって。

リラ お姉さん
サブリナ お母さん
アントニー お父さん
サシャ お兄さん
ソラル
アップル

「設計図を描くのが好きだから、大きくなったら建築家になりたい」

家での生活
7歳のソラルの家族は、両親とお姉さんのリラとお兄さんのサシャ。ソラルは毎晩早い時間にベッドに入るから、授業で居眠りしちゃうことはないんだって。

ソラルの家

キッシュロレーヌ
ソラルがよく食べる郷土料理キッシュロレーヌは卵とベーコンのタルト。熱々でも冷めてもおいしいよ。

ぼくのサイン

Solal

「こんにちは」は何て言う？
Bonjour
ボンジュール

住んでいるところ

西ヨーロッパにある国フランス。

チェス
フランス人はチェスが大好き。チェスはずっと昔にインドで生まれたボードゲームで、頭脳と集中力が必要なんだ。ソラルはお兄さんのサシャに勝ちたくて、いつも挑戦しているよ。

お気に入りの公園
ソラルはよくペピニエール公園に遊びに行く。ナンシーの中心部にある美しい公園だ。

モルガン

モルガンは9歳。フランスの大都市リヨンに住んでいます。リヨンはずっと昔、ローマ人によってつくられました。モルガンの趣味はサイクリングと柔道。柔道の帯の色は黄色です。一番好きな季節は秋。葉の色が変わっていく様子を見るのが好きなんだそうです。

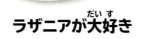

ラザニアが大好き

モルガンの好物はチーズと魚。でも一番好きなのはラザニアなんだ。平べったいパスタと牛ひき肉、ホワイトソースを重ねて焼いたイタリア料理だよ。

お母さんと住むアパートメント

ペラジー お母さん
エリック お父さん
モルガン

家での生活

モルガンには家が2つある。1つはお母さんのペラジーと住んでいるアパートメント。大きなローヌ川のそばにあるんだ。もう1つは約5km離れたところにあるお父さんのエリックの家だよ。

ぼくのサイン

Morgan

「こんにちは」は何て言う？

Bonjour
ボンジュール

住んでいるところ

リヨン。車で少し走るともうアルプス山脈だ。

リヨン

2つの川が流れる町リヨンは、昔から工業がとても盛んで栄えている。

車のオモチャで遊ぶモルガン。

遊び時間

モルガンはおもちゃの車やブロックで遊ぶのが大好き。学校にいるときは、友だちと一緒に校庭で「ルー・トゥシュ・トゥシュ」というフランス式鬼ごっこをして遊ぶよ。

マリア

マリアはギリシャの首都アテネに住む8歳の女の子。自然が好きで、時間さえあれば家族と近くの山々に旅行に出かけて探検をします。公園で友だちと遊ぶのも大好き。かくれんぼをしたり、うんていを渡るのが一番速いのは誰なのかを競い合ったりします。

マリアはマジックを練習中。

「お客さんの前でマジックができるようになりたいな。マジシャンの技って本当にすごい！」

アルテミス お母さん
レフトリス お父さん
マルコス 弟
マリア

マリアの家

マリアの家族

マリアはお父さんとお母さんと弟のマルコスと一緒にくらしているよ。両親が仕事で留守のときは、ブーラという名前のお手伝いさんが世話をしてくれるんだって。

わたしのサイン

Maria

「こんにちは」は何て言う？

Yiassas
ヤーサス

住んでいるところ

ギリシャがあるのはヨーロッパの南東部。地中海に面している。

アテネ

古代ギリシャの時代には、素晴らしい神殿が数多く建てられた。その一例がアテネのパルテノン神殿だ。

植物を育てる

マリアは植物の世話の仕方を覚えたいと思っているよ。もう少し大きくなったら、植物を苗から植えて育てたいんだって。

ギリシャ風サラダ
トマト
ピーマン
フェタチーズ

魚のグリル

新鮮な食材

ギリシャ人が料理で大事にしているのは新鮮な食材を使うこと。マリアは料理が好きだから、お父さんが魚を焼いたりギリシャ風サラダを作ったりするときはいつも手伝うんだ。

ルカス

ルカスは6歳。家族と一緒にスペインのバルセロナに住んでいます。将来プロのサッカー選手になるために、週に2回、チームでの練習に励んでいます。それに、釣りをするのも大好き。月に一度は両親と地元を流れる川に出かけて、夕食用の魚をとろうとがんばっています！

マリア
お母さん

ホナタン
お父さん

海のそばの家

ルカスとルカスの家族が住んでいるのは海のそば。みんな泳ぐのが大好きなんだって。庭にはプールもあるんだよ。

カルロタ
妹

ルカス

ルカスの家

家族との夕食

特別な日には、ルカスのおばあちゃんのコンチタがパエリアを作ってくれるんだ。シーフードと米を炊きこんだスペイン伝統の料理だよ。

パエリア

民族衣装バトゥーロ

ルカスとカルロタが着ているのはお祭り用の民族衣装バトゥーロ。お母さんの故郷サラゴサのもので、150年前からほとんど変わっていないそう。

ぼくのサイン

「こんにちは」は何て言う？

Hola
オラ

住んでいるところ

バルセロナはスペインの北東部にあるカタルーニャ州の州都。

バルセロナ

バルセロナといえば、アントニ・ガウディが設計したサグラダ・ファミリア大聖堂が有名だ。

サッカーのユース・チームのユニフォームを着たルカス。

クララ

9歳のクララはドイツの小さな村に住んでいます。ドイツはヨーロッパで7番目に広い国で、クリスマスにツリーを飾るという習わしはドイツで始まりました。クララもクリスマスが大好き！　クリスマスが近づくと、クララのお父さんは伝統のケーキ「シュトーレン」を焼き、ひいおじいちゃんは木でできたステキな飾り物を作ってくれるそうです。

アンドレアス
お父さん

カトリン
お母さん

シュテファン
お兄さん

クララ

クララの家

クララたち家族は引っ越したばかりで今はまだ家の中を整えているところ。お父さんは家のリフォームをして、お母さんは家具を作っているんだ。クララも時間を見つけては二人を手伝っているよ。

クララの家族

クララは4人家族。両親のアンドレアスとカトリンはどちらも銀行で働いている。お兄さんのシュテファンは13歳。エルビスという名前の猫がいることも忘れちゃいけないね。

ビッケルクルーゼにそえてあるのは、赤キャベツ、マッシュルーム、チャイブ、それと豚肉。

家族の好物

クララたち家族はみんな「ビッケルクルーゼ」が大好き。ジャガイモで作る、とてもおいしいギョウザだよ。クララはローストチキンとパスタとアイスクリームも好きなんだって。

クララはカラフルなレギンスがお気に入り。

クリスマス用木彫りの飾り物

クララのひいおじいちゃんは木工職人。繊細な細工がしてあるキャンドルスタンド「クリスマス・ピラミッド」を作っているんだ。

わたしのサイン

Clara

「こんにちは」は何て言う？

Hallo
ハロー

住んでいるところ

フィーラウの村はドイツの東部にある。

田舎でのくらし

クララが住む村フィーラウはザクセン州の丘と緑が多い地域にあるよ。クララたち家族はアウトドア派だから、できる限り外に出て、ハイキングをしたり、湖で泳いだり、庭で野菜を作ったりしてすごしているんだ。

趣味

クララは乗馬が大好きでいつか自分の馬を持ちたいと思っている。友だちと遊ぶのももちろん好き。かくれんぼとゴーカートが特にね！

777周年記念

2015年、フィーラウの村は777回目の誕生日を迎えたよ！ 村じゅうが人形や旗で飾られて、住民みんなで盛大にお祝いしたんだって。

おし花コレクション

クララは小学校に通っているんだけど、帰りたくないぐらい学校が好き。お気に入りの授業は自然教室なんだって。最近作ったおし花の標本は自信作。花をつんでは本にはさんで、たくさんのおし花を作ったんだよ。

クララが作ったヒナギクのおし花。

「大きくなったら動物と一緒に働くの」

わたしのサイン

Stella

「こんにちは」は何て言う？

Hej
ヘイ

住んでいるところ

スウェーデンはスカンジナビアと呼ばれる北部ヨーロッパにある国。

ストックホルム
ステラが住んでいるのはスウェーデンの首都ストックホルムの近く。ストックホルムは14の島からできていて、面積の30％を運河がしめる。

ステラ

ステラは8歳。ヨーロッパの北部にある国スウェーデンに住んでいます。学校が好きで、得意科目は算数と音楽。放課後はピアノをひいたり、ダンスをしたり、ボルダリングをしたりしてすごすとても活発な女の子です。

ステラは毎朝自分で服を選ぶ。

イェンス お父さん
シャルロット お母さん
ステラ
ヤコブ 弟

家族と住む家

ステラの家族は両親と弟のヤコブ。ストックホルムに近いタビーという町に住んでいる。家は2階建てだよ。学校までは歩いて15分。隣の家にはステラの親友アマンダが住んでいるんだ。

ステラの家

料理番組

ステラが気に入っているテレビ番組は子ども向けの料理番組。そのおかげで家族と料理をするようになったんだ。

お母さんとヤコブと一緒に料理

スウェーデンのミートボールはリンゴンベリージャムをつけて食べる。

アウトドアが好き

ステラの家族は屋外でのレジャーが好き。すごしやすい気候の夏は水泳、雪がたくさん降る冬はスキーをするそう。ステラの家には小さなヨットがあってお母さんはそれに乗るのが好きなんだけど、ステラはそうでもないみたい。庭でトランポリンをするほうが楽しいんだって！

ヤロスラフ

ヤロスラフは8歳。ロシアのモスクワに住んでいます。ヤロスラフが好きな季節は、すごしやすくて外でたくさん遊べる夏。夏はよく隣国ウクライナのオデッサという町まで旅行をして、海辺で遊ぶのだそうですよ。

ヤロスラフが家族を描いたブロックアート。これがヤロスラフ！

ぼくのサイン

「こんにちは」は何て言う？
Privyet
プリビエット

住んでいるところ

ロシアは世界一広い国。その国土はヨーロッパからアジアにまたがっている。

モスクワ
モスクワはロシアのヨーロッパ側に位置する。観光名所は、赤の広場、クレムリン大宮殿、バシーリー聖堂など。

エリク 弟
ビタリー お父さん
ナタリア お母さん
ヤロスラフ

ヤロスラフの住む建物

家でのくらし
ヤロスラフは家族とアパートメントに住んでいる。屋根裏部屋はヤロスラフの秘密基地。そこにおもちゃをしまっておけば小さい弟に見つからないしね！

「エリクにはずっと赤ちゃんでいてほしい（でももう少しだけお利口になってね）」

ロボット作り
ヤロスラフがいま夢中なのは、ブロック。それとコンピューターで何かを作ること。実はもうロボットを作ったことがあるんだ。将来はコンピューター・プログラマーになりたいんだって。

アフリカ

アフリカはとても広い大陸です。都市もあれば、砂漠も熱帯雨林も草原もあります。また、何千もの部族が住んでいて、2000もの言語が話されています。さらに、ほかの大陸と比べて気温が高く、世界一大きな砂漠、サハラ砂漠があります。その面積はなんとアメリカ合衆国とほぼ同じです。

新鮮な農産物
アフリカではさまざまな果物や野菜が栽培されています。ツノニガウリもそのひとつ。

データファイル
アフリカは広大。アジアに次いで2番目に広い大陸だ。

人口
12億人

国の数
54か国

人口が一番多い都市
ラゴス。ナイジェリアの港にある都市で人口は1300万人。

古代の不思議
古代世界の七不思議とは、古代ギリシャ・ローマ時代の人々が選んだ最も注目すべき建造物のこと。7つの中で今も残っている唯一のものが、エジプトにあるギザの大ピラミッドです（右の写真）。

一番長い川
世界最長のナイル川。支流もふくめると11か国を流れている。

広大な熱帯雨林
アフリカ大陸に何百万km²にもおよんで広がる熱帯雨林。そこには8000を超えるさまざまな種類の植物が生育しています。

野生動物
アフリカといえば野生の動物がいることで有名です。ライオン、ゾウ、ワニ、チーターなどなど盛りだくさん！

一番高い山
キリマンジャロ山。東アフリカのタンザニアにあって、高さ5895m。

学校まで歩く
人里離れた村に住んでいる子どもたちもいます。そんな子たちは暑い日でも雨の降る日でも、ものすごく長い距離を学校まで歩いて通います。

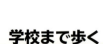

バスマ

バスマは8歳。モロッコの中央にある小さな村に住んでいます。バスマたち家族は北アフリカに古くから住むベルベル人で、タシュリヒート語というベルベル人の言葉を使います。でもバスマはフランス語とアラビア語も少し分かります。信じている宗教はイスラム教。お祈りをしにモスクに行くのが大好きです。

「弟のモハメッド・アミンはいつもわたしを笑わせるのよ」

バスマ / ゼイナ お母さん / ラーセン お父さん / マルワン お兄さん / モハメッド・アミン 弟

家族のくらし

バスマの家族は小さな家に住んでいる。隣に住んでいる親せきと共同で庭を使っているんだ。つまりバスマのそばにはいつもいとこたちがいて、一緒に遊べるってこと。

家でくつろぐバスマ

地元料理

バスマの好物はクスクス。デュラム小麦で作るベルベル人の伝統料理だよ。タジンと呼ばれる肉や野菜のシチューと一緒に食べることが多いんだ。

クスクス / ヤギ肉のタジン

わたしのサイン

「こんにちは」は何て言う？

Azul
アズール

住んでいるところ

バスマの家から、モロッコ第4の都市マラケシュまでは100kmほど離れている。

マラケシュ

マラケシュの旧市街をつくったのはベルベル人。旧市街は、赤い壁と「スーク」と呼ばれるにぎやかな市場で有名だよ。

バスマがよくはくのは長いスカート。特別な行事のときには、カフタンという民族衣装を着る。

ヨハンナ

7歳のヨハンナは、エチオピアの首都アディスアベバに住んでいます。アディスアベバはアフリカで4番目に大きな都市。ヨハンナが好きな場所は、ショッピングが楽しめるエドナモール、そしてライオンパークという動物園です。

ビタニア 妹
ベザ お母さん
テスファ お父さん
アベメレク 弟
ヨハンナ

わたしのサイン

「こんにちは」は何て言う？

Tadiyass
タディーヤス

住んでいるところ

アディスアベバはエチオピアの中央にある。

アディスアベバ
エントット山のふもとにあるアディスアベバは、世界の首都の中で標高が5番目に高いんだ。

家のポーチにいるヨハンナ

ヨハンナの家族
ヨハンナは5人家族。お母さんは先生、お父さんは飛行機の整備士の仕事をしているんだ。あとは下にきょうだいが2人。みんなキリスト教徒だよ。

好きな食べ物
ヨハンナが家でよく食べるのは「ワット」というエチオピアのシチュー。つけあわせは子羊のローストや米、「インジェラ」と呼ばれる薄いパンなんだ。

シロ・ワット（豆のシチュー）
インジェラ
パン
ドロ・ワット（チキンのシチュー）
子羊のロースト
米

ヨハンナは明るい色の服が好き。

好きな遊び
ヨハンナが好きな遊びは縄跳び。学校に行っていないときは、いつも友だちと縄跳びで遊んでいるよ。あとは弟のアベメレクとサッカーもする。

わたしのサイン

ShiGo

「こんにちは」は何て言う？

Sopa
ソパ

住んでいるところ

シゴの家があるのはトゥンガマレンガ村。タンザニアのイリンガ地方にある。

国立公園

トゥンガマレンガ村があるのはルアハ国立公園のすぐ外。ルアハ国立公園はタンザニアで最も広い野生動物保護区だ。

ネハティブ
お母さん

マタンビレ
お父さん

エリザベティ
お父さんのもう一人の奥さん

シゴの家族

シゴのお父さんマタンビレには2人の奥さんと10人の子どもがいるよ。みんな一緒にくらしているんだ。

シゴ

東アフリカのタンザニアに住んでいるシゴは7歳。マサイ族の女の子です。マサイ族はタンザニアの北部と隣国ケニアの一部に住む部族で、牛を所有し、育てることを生活の大切な一部としています。シゴの家族は、ヤギと羊も飼っています。

妹のナムヤキが着ているのはマサイ族らしい明るい色の服。

レンガの家

シゴの家はレンガづくりで屋根はトタン。レンガの家は夜になっても暖かいから、伝統的な泥の小屋よりも快適なんだ。

ヤギ肉とタマネギの料理

ウガリ

マサイ族の食事

シゴが毎日のように食べるのは「ウガリ」というトウモロコシの粉を練った主食。好きな食べ物は肉で、その中でもヤギ肉と牛肉には目がないそうだよ。

お手伝い

生き物の世話は大変な仕事。だからシゴはできる限り手伝うようにしているんだ。お母さんと一緒に牛の乳しぼりをすることもあるよ。

「いつか車を買ったらみんなを学校まで乗せてあげるの。そうすれば雨季でも教科書がぬれないでしょ」

妹のラベカが身につけているのはお手製のビーズのネックレス。

シゴがはいているのは通学用の靴。

学校へ行く

シゴは毎日歩いて学校に通っている。それは12月から5月まで続く雨季であってもかわらないよ。学校が大好きで、大きくなったら先生になりたいんだって。

ネットボールをして遊ぶシゴ。

シゴが通う学校

アクセサリー作り

シゴとほかの女きょうだいは、2人のお母さんからビーズのアクセサリー作りを習っているよ。マサイ族の人たちは、アクセサリーの色やデザインでお互いがどこに住んでいるかが分かるんだ。

アクセサリー作りを習う子どもたち

このネックレスには細かいビーズが何千個も使われている。

ネックレス

ビーズのペンダントトップ

働くペット

シゴの家には何匹も犬がいて、牛を守ってくれている。家畜はライオンにおそわれたり、よその人にぬすまれたりすることがあるけど、犬がいれば安心だね。

43

ジョシュア

8歳のジョシュアが住んでいるのはカラハリ砂漠です。この砂漠はとても広く、ジョシュアの住む国ボツワナの約3分の2をしめています。ジョシュアの家族はサン族の一員で、今ではもうこのカラハリ砂漠にしか住んでいません。アクセサリーなどの伝統工芸品を作って生活するお金を得ています。砂漠でのくらしは厳しく、特に雨がほとんど降らない乾季は大変です。

砂漠の家

ジョシュアの家は、牛のふんとトタンでできている。電気はないんだ。新しい家を建てるレンガとセメントを買うために、今は家族で貯金中。

ジョシュアの家

エリザベス お姉さん
ニコデモ お父さん
ジューダス お兄さん
トゥムク お母さん
モーゼズ いとこ
ダンカン いとこ
ジョシュア

ジョシュアの家族

ジョシュアは、両親とお兄さんとお姉さん、いとこのダンカンとモーゼズと一緒にくらしているよ。全員がキリスト教徒。日曜日はいつも教会に行くし、両親は聖歌隊に入っているんだ。

ジョシュアの制服は、地元のダイヤモンド採掘会社から寄付されたもの。

音楽好き

ジョシュアは音楽が大好きでなんと楽器を発明しちゃった！ 空き缶と木の間に糸を張った楽器だよ。それを演奏しながら歌を歌って、家族や友だちに聞かせているんだって。

ぼくのサイン

Joshua

「こんにちは」は何て言う？

Dumela

ドゥメラ

住んでいるところ

ボツワナには海がない。南アフリカ、ナミビア、ジンバブエ、ザンビアに囲まれている。

デカール

ジョシュアの学校はデカールという小さな村にある。雨季でも歩いて通う。

伝統舞踊

ジョシュアのお母さんはジョシュアたち子どもにサン族の踊りを教えている。サン族の人たちは、誰かの病気を治したいときや、いい狩りができてうれしいとき、雨が降ってほしいときにも踊りを踊るんだ。踊り手が着るのは、動物の皮でできた伝統的な衣装だよ。

ダチョウの卵の殻で作ったアクセサリー。

家族の収入

ジョシュアの家族はアクセサリーを作ってお金をかせいでいるけれど、いつもうかるわけではないんだって。だから食べるものは買わないで、動物や植物を草原で探してとってくるんだ。

動物の皮で作った衣装。

お話の時間

ジョシュアはテレビもコンピューターも持っていないけど、最高にワクワクする時間をすごしている。それはおばあちゃんの物語を聞く時間。おばあちゃんは話をするのがものすごく上手なんだ。

「ぼくはおばあちゃんの話を聞くのが大好きなんだ」

ツノニガウリ

地元料理

家族が草原でとってきたものがその日のジョシュアの食事になる。乾季には、写真のツノニガウリが水分補給に欠かせないんだって。一家の定番メニューは、トウモロコシの粉を練った主食と、その日にとってきた肉や植物だよ。

ランチを食べるジョシュア。

ジェディダイア

ジェディダイアは西アフリカの国ガーナに住む7歳の男の子。ガーナでは公用語の英語をふくめ、80もの言語が話されています。ジェディダイアが家で話すのはトウィ語。でも学校の授業は英語で行われます。ジェディダイアには趣味がたくさんあって、いま夢中なのは太鼓です。

「フォントムフロム」または「話し太鼓」と呼ばれる楽器。

ジェディダイアの家
ジェディダイアは、両親と2人の弟、養女のお姉さんと一緒に、広々とした家に住んでいる。一家はカトリック教徒で、毎週土曜日になるとみんなで聖書を勉強するんだ。

ぼくのサイン
Jodidiah

「こんにちは」は何て言う?
Maakye
マーチェ

住んでいるところ

ジェディダイアが住むのは、ガーナ南岸のテマ地区。

サクモノ
ジェディダイアの家はテマ地区の中のサクモノという小さくてにぎやかな町にある。町の隣は湿地帯。

ブレッシング お姉さん
シーラ お母さん
ハメル 弟
メルヴィン お父さん
アビシュア 弟
ジェディダイア

ガーナ料理
ジェディダイア一家は健康に気を配っていて、自分たちでたくさんの果物や野菜を育てているよ。家族みんなの好物は、プランテーンと一緒に食べる「アグシ」や「コントミレ」のシチュー。

ウリの粉「アグシ」が入ったシチュー。

プランテーンはバナナに似ているが甘くない。

すりつぶしたココヤムの葉「コントミレ」と魚のシチュー。

好きな遊び
ジェディダイアとアビシュアが好きなのは、西アフリカで人気の「オワリ」という伝統的なボードゲーム。相手の種を多くとったほうが勝ち。

ハフサ

ハフサは7歳。南アフリカの首都のプレトリアに住んでいます。イスラム教徒で、モスクにお祈りに行くときは明るい色のスカーフを頭に巻きます。南アフリカには11の公用語がありますが、ハフサはそのうちの3つ、英語とヌデベレ語とズールー語を話します。

「大家族って楽しいよ。一緒に遊べるいとこがいっぱいいてあきないもん」

この頭に巻いたスカーフは「ヒジャブ」と呼ばれている。

新人バレリーナ

ハフサは踊るのが大好き。1年前からバレエを習い始めたよ。走るのも得意なんだ。

わたしのサイン

HAFSA

「こんにちは」は何て言う?

Salibonani
サリボナニー

住んでいるところ

南アフリカには首都が3つある。ハフサの住むプレトリアと、ケープタウン、ブルームフォンテインだ。

国民的英雄

プレトリアに立つネルソン・マンデラさんの巨大な像。南アフリカの指導者だった、とても有名な人なんだ。

ムペンドゥロ お父さん / モハメッド・アリ 弟 / サーナン お兄さん / ハフサ / ルヤンダ お母さん

ハフサの家

ハフサの家族は大家族。両親、お兄さん、弟、おばあちゃん、ほかの親せきたち、それに年をとったネコがいる。野菜農家の仕事をしているお父さんは、ヒップホップのミュージシャンとしても活動している。お母さんは、インターネットで物を売る仕事をしながら、スタイリストもしているよ。

野菜の栽培

家族が食べるものの多くはお父さんが育てているもの。おばあちゃんはニワトリを飼っているから鶏肉と卵も買わなくていいんだって。

ウムンクショー / 牛のかかとのシチュー

伝統料理

ハフサが好きなのはピザだけど、家の食事はたいてい南アフリカの伝統料理。たとえば豆とトウモロコシの粉で作る「ウムンクショー」や、牛のかかとのシチューなどだ。

アムー

フィキレ お母さん
サンダゾ お姉さん
アムー
ムソコジシ 弟

アムケラニは10歳。友だちからはアムーと呼ばれています。南アフリカの北東部にあるムショロジ村で7人の家族や親せきとくらしています。村は郊外にあるので、アムーは外で遊ぶのが大好き。雨の日でもかまわないんだそうですよ。

にぎやかなくらし

アムーは、看護師のお母さんとお姉さんのサンダゾ、弟のムソコジシとくらしている。おばあちゃんとおばさんと2人のいとこも一緒だよ。みんなキリスト教徒で、日曜日になると教会に行くんだ。

ビーフシチュー

モロゴ（アフリカ産ホウレンソウ）

ティンコベ（ゆでトウモロコシ）

好きな遊び

アムーは生まれつき二分せきつい症という背骨の病気を持っていて、長い距離を歩くのが難しいんだ。でもすごく活発で、「インカントゥフー」と呼ばれる伝統的な縄跳びをするのが大好きなんだって。お姉さんやいとこのノウェルトゥがいつも一緒に遊んでくれるよ。

外で料理をするおばあちゃん

家庭料理

家族の食事を作るのはおばあちゃんのグラディス。ほとんどの料理は家の中で作るけど、トウモロコシをゆでたりするのは外なんだって。

メダルのコレクション

アムーの自慢は数々のメダル。砲丸投げで2個、徒競走で1個、合計3個はスポーツでもらったものなんだ。ほかのメダルは成績がクラスで1番になったときのもの。なんと2年連続だよ。

「食べ物と住む場所と着るものが、みんなに行きわたる世界になってほしい」

わたしのサイン

Amukelani

「こんにちは」は何て言う？

Avuxeni

アヴェシェイニー

住んでいるところ

南アフリカはアフリカ大陸の最南端にある国。

ネルスプリット

ネルスプリットはアムーの村に一番近い都市。人口は5万人以上。クロコダイル川沿いにある。

お風呂の時間

夏になるとお風呂は外。アムーの弟ムソコジシといとこのシネンコシは、バスタブの中で遊ぶのが大好き。

ショッピング

アムーの家族が食べ物を買いに行くのは、地元のスーパーか近くの町。野菜は自分たちでも育てているよ。卵と鶏肉用にニワトリも飼っているそう。

……アムーが着ているのはツォンガ族の伝統衣装。アムーの家族はツォンガ族だ。

アムーの夢

二分せきつい症のアムーの体には、背骨を支える金属のピンが入っている。アムーの症状がこれからどうなるかは分からないけど、病気という経験がアムーにある決心をさせたんだ。それは将来お医者さんになること。病気で困っている人たちを助けたいんだって。

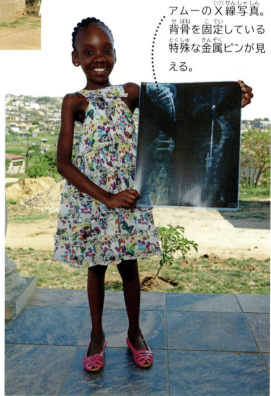

アムーのX線写真。背骨を固定している特殊な金属ピンが見える。

アジア

アジアは広大なユーラシア大陸の東側の部分とその周辺の島からなる地域で、そこには豊かな歴史があります。昔はおいしい香辛料と数々の古代帝国で有名でしたが、今では多くの人がアジアと聞けば、ハイテク機器と急速に拡大する都市をイメージするようになりました。事実、世界の人口の60%がアジア大陸に住んでいます。

すし
すしは日本のごちそう。炊いた米と野菜や魚介類で作ります。

データファイル
アジアはユーラシア大陸の東側にある世界最大の地域。世界の陸地の3分の1をしめている。

人口
44億人

国の数
48か国（東南アジアをふくむ）

人口が一番多い都市
日本の東京圏。3500万人が住んでいる。アジアだけでなく世界で第1位。

万里の長城
この建築物は世界最長の城壁の遺跡。長さはすべてを合わせると2万km以上あるといわれています。その一部は2000年以上も前につくられました。

一番長い川
長江は世界で3番目に長い川。ほかの国を通ることはなく、中国だけを流れている。

一番高い山
エベレスト山は世界で一番高い山。登山家が初めて頂上にたどり着いたのは1953年のことだった。

ベンガルトラ
インドやバングラデシュの森に生息するトラの仲間。とてもどう猛な肉食動物です。密猟や、すみかである森を奪われたせいで、絶滅の危機にあります。

仏教のお坊さん
仏教はインドで生まれ、今ではアジア中に広まった宗教です。お坊さんになるときは頭をそらなければいけません。

シャオウェイ

シャオウェイは7歳。中国の首都、北京に住んでいます。北京は世界最大の都市のひとつ。人口は2100万人以上、紫禁城など世界的に有名な歴史的建造物がいくつもある都市です。シャオウェイには、ヨーヨーや卓球、サッカー、ボルダリングなど趣味がたくさんあるそうです。

シャオウェイの学校の制服

シャオウェイの家族

エミリー お母さん
リンシュー お父さん
シャオウェイ

シャオウェイは一人っ子。中国の子どもはほとんどが一人っ子なんだ。お母さんは出版社で働いていて、お父さんはエンジニアをしているよ。平日はお手伝いさんが来て、シャオウェイを学校へ連れて行ったり食事の用意をしたりしてくれるんだ。

アパートメントぐらし

北京ではほとんどの人がアパートメントに住んでいる。シャオウェイの家族もそう。人口の多い都市だから、庭のある家を持っている人はほんの少ししかいないんだ。

リモコン・ロボット

科学技術に興味があるシャオウェイ。リモコンでアパートメントを案内できるロボットを持っているよ。大人になったら、新型ロボットを発明する仕事をしたいんだって。

「どんな問題も解決できるロボットを作るのがぼくの夢」

ヨーヨーの名人

シャオウェイは卓球とかボルダリングなどのスポーツをするのが好きなんだけど、いま夢中なのはヨーヨー。クラスのヨーヨーチームのキャプテンをしていて、時々大会にも出るんだよ。

シャオウェイはヨーヨーのいろいろな技をマスターしている。

シャオウェイの学校

通っているのは地元の小学校。普通の授業以外に週1回クラリネットのレッスンを受けているよ。放課後は英語を習っているんだって。

中国料理

シャオウェイの好物はアイスクリーム。でも家でのごはんは主に中国料理。肉まんや、菜心というほうれん草に似た野菜の炒め物や、蒸しパンが、家族が好きなメニューだよ。

肉まん

菜心

蒸しパン

ぼくのサイン

王紹維

「こんにちは」は何て言う？

Ni hao

ニーハオ

住んでいるところ

中国北部の北京。

北京

北京の中央にある紫禁城はかつては宮殿として使われていた。今は博物館になっている。

中国のお正月

「春節」と呼ばれる中国のお正月では、新年をごちそうと花火で祝うんだ。シャオウェイがお正月を好きなわけは、大人から赤い封筒に入ったお年玉をもらえるからなんだって。

赤い封筒に入れられたお年玉。中国語では「紅包」と呼ばれる。

家庭菜園

シャオウェイの家には庭はないけれど、近所に小さな土地を借りて家族で野菜を育てているよ。春や夏にはたくさんの野菜がとれるんだ。

ロバート

ロバートは9歳。モンゴルに住んでいます。モンゴルはロシアと中国の間にある国です。ロバートには趣味がたくさんあって、特にキックボクシングやサッカー、バスケットボール、粘土遊びが大好き。そして、お正月のような特別な日には、おばあちゃんお手製の民族衣装を着ます。

モンゴルでは、ツァガーン・サルと呼ばれるお正月に、絹のスカーフを持って挨拶をする。

「大好きな季節は秋と冬。雪合戦ができるから」

ロバートの家
ロバートの家族はモンゴルの首都ウランバートルに住んでいる。都会にくらす人たちはたいていそうだけど、ロバート一家もアパートメント住まい。ウランバートルはとてもにぎやかで活気のある街なんだって。

ぼくのサイン

「こんにちは」は何て言う？
Сайн уу
サィノー

住んでいるところ

首都ウランバートル。モンゴルの人口の3分の1以上がくらす。

世界に名を残した英雄 チンギス・ハン
山肌に描かれたこの人物はチンギス・ハン。800年前に大帝国を築いたモンゴルの武将。

バトムンフ
お父さん

ロバート

タラ
妹

アンタレス
弟

ソロンゴ
お母さん

ロバートの家族
ロバートは両親と弟と妹の5人家族。お父さんはモンゴルの南にあるゴビ砂漠の出身。お母さんは山の多い地方の出身だよ。

大好きなねん土遊び
ロバートは粘土遊びが好き。カラフルな粘土を使ってドラゴンのような神話の生き物を作るんだって。

モリンホールという楽器。馬頭琴ともいう。

モンゴルの民族楽器
ロバートのお父さんは伝統的な弦楽器モリンホールを演奏できるんだって。きょうだいたちが寝るとき、ベッドの横でよくひいてくれるそうだよ。

ゆで肉

ホーショール

モンゴル料理
一家は伝統料理のホーショールが大好きでよく食べる。ひき肉やポテトを包んだギョウザのような食べ物だよ。それにゆでた肉もモンゴルではよく食べるんだって。といってもロバートの好物はピザとチキンなんだけどね。

キックボクシングが得意
ロバートがキックボクシングを始めたのは4歳の時。お父さんがグローブをプレゼントしてくれたんだって。そのほかにも、サッカーとバスケットボールも好きだよ。

大草原で馬に乗る
ロバート一家は旅が大好き。いろんな土地を見たいと思っている。ステップと呼ばれるモンゴルの大草原を馬に乗って旅したこともあるんだって。

ユルトのくらし
おばあちゃんはゴビ砂漠でユルトに住んでいる。ユルトというのは丸い形をした大きなテントで、普通の家とちがって、設置したりたたんだりするのが簡単で、移動に便利なんだ。おじいちゃんとおばあちゃんは、ラクダや馬などの家畜を連れてゴビ砂漠を移動しながらくらしているんだって。

ユルトの中にはかまどがある。煙を外に出すための煙突もついている。

そうたろう

うたこ お母さん
そうたろう
たいすけ お父さん
もも お姉さん

そうたろうは、10歳。東アジアの日本に住んでいます。日本はいくつかの島からなる国ですが、そうたろうがくらすのはその中でも本州と呼ばれる一番大きな島です。そうたろうは好奇心が旺盛で、特に水泳と自然について学ぶことが大好き。また特別なときには伝統的な衣装を着ることもあるのだそう。写真は剣道の稽古着を身に着けたそうたろうと、着物を着たお姉さん。

剣道の稽古で着る「道着」。

家族のくらし

そうたろう一家は両親とお姉さんの4人家族。おばあちゃんはすぐ隣に住んでいるよ。一家は仏教徒で、毎日ご先祖様に手を合わせているんだって。

ぼくのサイン

壯太郎

「こんにちは」は何て言う？

Konnichiwa
こんにちは

住んでいるところ

首都東京の隣にある千葉県。

東京圏
東京とその周辺の都市を合わせた東京圏には、そうたろうの一家をふくめて、3500万人以上がくらしている。

そうたろうの家

一家は千葉県の柏市に住んでいる。現代的な3階建ての住宅だよ。

伝統文化を習う

そうたろうのおばあちゃんは書道の先生なんだ。書道とは伝統的な方法で文字を書く芸術のひとつで、使うのはペンやエンピツではなく、昔ながらの筆。その筆先に墨をつけて、白い紙の上に複雑な日本の文字を書くんだよ。

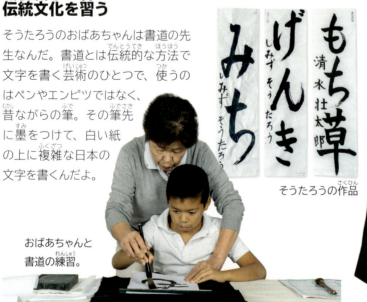

おばあちゃんと書道の練習。

そうたろうの作品

水泳に夢中
水泳が大好きなそうたろうは、毎日ハードな練習をこなしている。水泳チームのメンバーなので、毎日1時間半、週に6日間も練習するんだって。毎年、水泳の競技会にも出場しているよ。冬にはスキーもするスポーツマンなんだ。

フィンをつけて泳ぐとスピートがアップする。

伝統的な着物を着るもも。結婚式に招待されたときなどに着る。

煮しめは根菜を煮たもの。

豆腐は大豆から作る。

天ぷらは野菜や魚介類に衣をつけて揚げたもの。

必ず炊いたごはんを食べる。

ワカメの入った味噌汁

普段のごはん
そうたろうの家族は和食が好きでよく食べるんだそう。和食の定番スタイルは、いくつかの小皿料理と炊いたごはんと味噌汁。天ぷらや煮しめや豆腐が人気のおかずだよ。フォークとナイフではなくて箸で食べるんだって。

「毎日、虫や動物をつかまえてるんだ。川で魚つりをすることもあるよ」

理科の教科書

自然の中ですごすのが好き
学校の勉強で好きなのは理科。将来は生物学者になりたいと思っている。時間があればしょっちゅう家の近くの自然豊かな場所に行って、虫やカメなどの生き物を探しているよ。家でも生き物を飼っていて、なんと毒のないヘビもペットなんだって！

ペットのヘビ

自然の中で遊ぶそうたろうとお姉さん。

イェリン

イェリンは9歳の女の子。東アジアにある韓国の首都ソウルに住んでいます。ソウルはとてもにぎやかな都市で、なんと韓国の人口の5分の1が集まっているのだそう。また、世界のどこよりも、インターネットが発達していて、どの家庭にも高速回線が引かれています。イェリンはソウルの自分の家が大好き。近くに遊園地があるからなんですって。

「学校が大好き。友だちや先生と一緒だと笑顔になれるの」

家族
9歳のイェリンには、姉妹が2人います。お姉さんのチェリン12歳と妹のセリン7歳。あとお母さんのスンヒョンとペットの犬ティーニーとくらしているんだ。

スンヒョン お母さん
チェリン お姉さん
セリン 妹
ティーニー
イェリン

黄色いクマさん
イェリンのお気に入りは、かわいいクマのプーさんのクッション。有名な童話の主人公だよ。

学校の制服

みんな音楽好き
イェリンたち姉妹はみんな音楽の才能が豊か。イェリンはクラリネット、チェリンはフルート、セリンはバイオリンを演奏することができる。家で練習をして、学校で披露することもあるんだって。

高層ビルの家
韓国の土地の約70%は山なので、みんな都市に集まってくらしている。場所の節約にもってこいなのが高い建物。だから、ほとんどの人は高層アパートメントに住んでいるよ。イェリンもそう。

学校での生活

イェリンは学校が大好き。大きくなったら先生になりたいそう。でも、1つだけ嫌いなことがあって、それはなんと「試験」。先生になったら、自分のクラスでは試験はしないことにするんだって！

小学校

イェリンが通うのは家の近くの大きな小学校。韓国では8歳から学校に通い始めるんだって。

イェリンの絵。韓国の伝統的なお面と太鼓が描かれているよ。

教科書

教科書にはマンガも使われている。だから算数も分かりやすいんだ。

放課後のクラブ活動

放課後のクラブにも参加していて、美術や読書や理科を勉強するよ。頭の中でイメージをふくらませて、鮮やかな色彩の絵を描くのが好き。

わたしのサイン

박 예린

「こんにちは」は何て言う？

Anyong haseyo
アニハセヨ

住んでいるところ

ソウル。韓国の北西部を流れる漢江沿いにある。

ソウル
巨大都市ソウルは25の区に分けられている。イェリンが住むのは江東区。

韓国の米

韓国では炊いた米を毎日食べる。イェリンたちは香りの強いおかずと一緒に食べたり、ソンピョンという甘いお菓子にしたりするよ。

米で作った甘いもち。

ソンピョン

わかめのスープ / 米 / プルコギ（甘だれにつけた牛肉） / のり

イェリンの夕食 / キムチ（白菜の辛い漬物） / イカの甘辛炒め

伝統の衣装

韓国の感謝祭（チュソク）やお正月のような特別な日には、韓服と呼ばれる伝統衣装を着るよ。すそは床につく長さで、ゆったりとしたシルエットのスカートが特徴。明るい色が多いんだって。

アンジュ お母さん
ジャグタ お父さん
マハク
マンビ 妹

マハク

マハクは8歳の女の子。家族とインドの首都ニューデリーに住んでいます。特別な日には民族衣装を着るマハク。たとえば、光のフェスティバルと呼ばれるヒンズー教のお祭りディワリなどもそのひとつ。また、マハクが普段使う言葉はヒンズー語ですが、ほかのインド人と同じように、英語で話したり書いたりすることもできるそうです。

「サリー」と呼ばれる伝統衣装。一枚の布をドレスのように身に巻きつける。

「将来はお医者さんになりたいから、たくさん勉強をしなくちゃね」

家族

マハクの一家はニューデリーの中心部近くにあるアパートメントに住んでいるんだって。お父さんは本のデザイナーとして働いていて、お母さんは子どもたちの世話や家のことをしているよ。

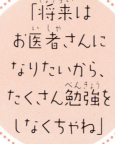

マハクのアパートメント

わたしのサイン

Mehak

「こんにちは」は何て言う？

Namaste
ナマステ

住んでいるところ

インド北部にあるニューデリー。

ニューデリー
マハクが住むニューデリーは活気に満ちた街。すばらしい建物がたくさんある。

スパイシーな食べ物

インド料理はとてもスパイシー。小さな器がいくつも並んだ「ターリー」という盛り合わせプレートは、北インドの郷土料理なんだって。ダール（豆カレー）、米、野菜カレー、パンが入ってるよ。

インドの平たいパン「ロティ」。

「ダール」は豆のカレー。

カラフルな遊び

ヒンズー教のお祭りはたくさんあるけど、中でもホーリーというお祭りが有名。マハクも春になるとホーリーを楽しむよ。その日だけは、相手が誰だろうと、カラフルな色の染料を投げたり塗ったりすることができちゃうんだって。

ぼくのサイン

「こんにちは」は何て言う？

Khammaghani

コンマガニ

住んでいるところ

タール砂漠の近郊。砂漠の反対側は隣国のパキスタン。

ビシュノイの寺院
年に一度、ビシュヌー家はビシュノイの寺院を訪れる。家からは10kmの距離。

ビシュヌ

10歳のビシュヌは西インドのラジャスタン州に住んでいます。ビシュヌの家族は、ビシュノイと呼ばれる厳格なヒンズー教徒。教徒たちは、ジャンブヘシュワー導師が作ったとされる29の戒律を守ってくらしていて、樹木や動物をとても大切にしています。

ペットの牛
ビシュヌのペットはなんと牛！ とてもかわいがっているよ。樹木や動物を守ることは一家の信仰の大切な教えなんだ。だから、ビシュヌは家の近くにすんでいる背中の黒い野生のアンテロープの世話もするんだって。

パルシ お母さん
オマ お父さん
アエンチ おばあちゃん
マヘンダー お兄さん
ゴレダエン おじいちゃん
マンタ お姉さん
ビシュヌ
ニルマル お姉さん

クリケットが大好き
インドで一番人気のスポーツはクリケット。もちろんビシュヌも大好きだ。2つのチームに分かれて攻撃する側と守る側を決める。交互に木製のバットでボールを打って点数を競うゲームだよ。

家族のくらす家
ビシュヌの家族は、両親、きょうだい、そして祖父母。かやぶき屋根の家に住んでいる。この屋根のおかげで、外が暑くても家の中は涼しくてすごしやすいんだ。

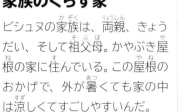

マーク

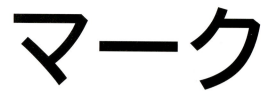

マークはパキスタンに住む7歳の女の子。この国の97%の人々と同じようにマークもイスラム教徒です。一年で一番好きな日はイードと呼ばれるイスラム教徒の祝日。この日、マークたちは1か月続いた断食（食事を制限すること）の終わりを、家族や友だちと祝うのです。あと、マークが好きなのはペットのヤギです。

マークのペットのヤギ。

民族衣装のサルワ・カミーズを着るマーク。スカーフを巻いて髪の毛をかくす。

大家族
マークは両親、祖父母、弟たち、妹たちとくらしている。親せきも近くにたくさん住んでいて、よく遊びに来てくれるから楽しいんだって。

離れのキッチン
家族のごはんを作るのはお母さんの仕事。マークも時々手伝うよ。キッチンのかまどに金属製の鍋を置いて調理をする。

マークの教室

マークの学校

マークは学校が大好きで、大きくなったら先生になるのが夢なんだ。普通の学校に通いながら、1日2回、マドラサという神学校にも行っている。そこではイスラム教について勉強するんだって。

参考書

好きな食べ物

マークの好物はダールという豆カレー。米と一緒に食べるのがおすすめの食べ方だよ。豆はタンパク質が豊富だからよく食べる。ほかにも地元の名物のチキン・カラヒ（カラヒという鍋で作ったカレー）やサグ（ホウレンソウのカレー）もおいしいんだって。

ダール

チキン・カラヒ

サグ

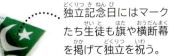
独立記念日にはマークたち生徒も旗や横断幕を掲げて独立を祝う。

パキスタンの独立記念日を祝うマーク。

ハンドアート

イスラム教徒の女性はヘナの木から作った染料で手に模様を描く。マークもイードを祝うためにヘナで手を飾ったよ。こうすると手がきれいに見えるよね。

わたしのサイン

マークは手書きのサインの代わりに、指のはんこも使う。

「こんにちは」は何て言う？

Salaamu
サラーム

住んでいるところ

パキスタンの南東にあるシンド州。

裏庭

マークは時間があるときはいつも裏庭にいる。ペットのヤギがいる場所だ。

粘土の小物

マークの名前の意味は「笑顔」なんだって。その名前の通り、マークが笑顔になっちゃうのが、粘土で小物を作っているとき。粘土で形を作って太陽の光で乾かしてから、好きな色を塗って仕上げるんだよ。

「イスラム教の祝日イードが大好き。きれいな服を着て、親せきや友だちと集まるの」

ボラット

ボラットは8歳。中央アジアにあるカザフスタンの首都アスタナに住んでいます。音楽が大好きで、ひまさえあればドンブラという長いネックの弦楽器を演奏しているそうです。ほかにも趣味がたくさんあって、インラインスケートやサイクリング、ペットと遊ぶのがお気に入り。また、カザフスタンの新年であるナウルズのお祭りでは、特別な民族衣装を着てお祝いをします。

イスリアムベク　おじいちゃん
ローザ　お母さん
イェルボル　お父さん
バグラン　おばあちゃん
アルジャン　妹
ボラット
アスルジャン　妹

ボラットの家族

お父さんのイェルボルは軍人、お母さんのローザは幼稚園の先生。カザフスタンでは一番年上の子の世話は、おじいちゃん、おばあちゃんがをすることが多いんだって。だから、ボラットは二人ととても仲良しなんだ。

家族の住む家

ボラット一家は、両親、双子の妹、おじいちゃん、おばあちゃん。アスタナにある家でみんな一緒にくらしている。ボラットはアスタナでのくらしが好き。都会だから、観光地や遊び場など、楽しみがたくさんあるからね。

カザフスタンの民族衣装。お祭りなどの特別なときに着る。

遊びの時間

ボラットは外で遊ぶのが大好きなんだ。特にインラインスケートやサイクリングがお気に入り。あと、お父さんとボードゲームをするのも楽しいんだって。

ドンブラの弦は2本。

お茶の用意

カイマクは濃厚なクリーム

馬乳のチーズ

シェルペクは平たい揚げパン

食べ物や飲み物

ボラットの家では、庭で茶葉の入ったやかんをわかしてお茶を煮出す。ボラットの好物はベシュバルマクというカザフスタンの伝統料理。麺の上に馬肉がのったごちそうだよ。

ベシュバルマク

バウルサクは丸い揚げパン

サリ・マイはバター

ぼくのサイン

Balam

「こんにちは」は何て言う？

Salem
セレム

住んでいるところ

カザフスタン。アジアの国だが、ヨーロッパにも近い。

バイテレク・タワー
タワーの展望台にのぼるとアスタナの街が見渡せる。

ペットの犬

家には犬が2匹いて、お気に入りはボビク。ボラットも犬の世話を任されていて毎日エサをあげるんだ。

「家にいるときは、時間さえあれば犬と遊んでるよ」

優秀な成績

ボラットは勉強が得意なんだ。学年の終わりには、優秀な生徒にだけ贈られる賞状とたすきをもらったんだって。

ボラットの使う教科書

ボラットの学校

わたしのサイン

えっに

「こんにちは」は何て言う？
Shalom
シャローム

住んでいるところ

エレルが住む村は、イスラエルの2大都市テルアビブとエルサレムの中間、どちらからも約60kmのところ。

エルサレム
エルサレムは、ユダヤ教、キリスト教、イスラム教、3つの宗教にとって、とても大事な都市。

エレル

7歳のエレルは中東のイスラエルに住んでいます。イスラエルの北部は山々が連なっていて冬は厳しい寒さになりますが、南部は砂漠の広がる暑い土地です。エレルがくらすのは南部の暖かい地域で、家の近くにはビーチもあります。エレルの趣味はサッカーとトランポリン。ピアノの演奏も大好きです。

夏の楽しみ

夏はなんといってもビーチ。エレルは砂丘を探検したり、マトコットで遊んだりするんだって。マトコットはラケットとボールで楽しむ人気のビーチスポーツだよ。

オリット お母さん
サギ お父さん
シャレブ お兄さん
エレル
ヤハブ 弟

・・・魚の頭
ザクロの実・・・
グリーンピース・・・
・・・リンゴとハチミツ

新年のすごし方

エレル一家はユダヤ教徒。厳格な信者というわけじゃないけど、ユダヤの祝日は全部お祝いしているよ。ユダヤ教では、新年に特別な料理を食べるけど、それぞれに意味があるんだって。たとえば、リンゴにハチミツをつけて食べるのは、良い年になりますようにという願いがこめられているそうだよ。

家族がくらす家

一家はモシャブという村に住んでいるよ。ここは地域の結びつきが強くて、みんなで助け合うのが特徴。エレルは両親ときょうだい2人の5人ぐらし。

エレルの家

「海をきれいにしたいな。カメや海の生き物がゴミで死ぬのは悲しいから」

66

ハリーファ

ハリーファはバーレーンに住む6歳の男の子です。バーレーンは中東にあって、アラビア語を話す国。30以上の島からできていて、その90％が暑い砂漠地帯です。ハリーファはサッカーと絵を描くこととガーデニングが大好き。イスラム教を信仰していて、断食明けのお祭り「イード」のような特別なときには、トーブという丈の長い民族衣装を着ます。

クーフィーヤという模様の入ったスカーフ。

ハリーファの家

オマル お父さん
ミシャル 弟
サラ お母さん
ハリーファ
サイフ 弟

家族のくらし

ハリーファは5人家族。両親と、3歳の弟サイフ、まだ赤ちゃんの弟ミシャルと一緒にくらしている。そして、家族そろってサッカーが大好きなんだ。ひいきのチームは、イングランド・プレミアリーグのトッテナム・ホットスパーなんだって。

ぼくのサイン

「こんにちは」は何て言う？

Salam alaykum
サラームアライクム

住んでいるところ

バーレーンの首都マナーマ。

近代的な都市

マナーマはバーレーン最大の都市。全人口の8分の1がこの街に住んでいる。

ガーデニング

ハリーファの家にはお手伝いさんのヘレンがいて、食事はたいていヘレンが作る。ほかにも、家族のために野菜を育てたり、庭の手入れの仕方をハリーファに教えてくれたりもするんだよ。

ペットはヨウム

ハリーファのお父さんはヨウムという鳥を飼っている。ジョハナという名前でおしゃべりが得意。でもハリーファと弟はジョハナのことをバブスってニックネームで呼んでるんだって。

東南アジアとオセアニア

東南アジアは1つの大陸ではなく、アジアの中の一地域を指します。蒸し暑い気候で、美しいビーチが数多くあります。そして東南アジアの南側には、オセアニアと呼ばれる地域が広がります。本島が世界最小の大陸であるオーストラリアや、太平洋に点々と散らばるたくさんの島々はオセアニアの一部です。

データファイル

人口
東南アジア　6億2500万人
オセアニア　4000万人

国の数
東南アジア　11か国
オセアニア　14か国

人口が一番多い都市
ジャカルタ。インドネシアの首都で1000万人以上がくらす。

一番長い川
メコン川は東南アジアの5か国と中国を流れている。

一番高い山
ミャンマーにあるカカボラジ山は高さ5881m。東南アジアで一番高い山だといわれている。

アンコール遺跡の寺院
カンボジアの北部には、10〜13世紀に建てられた寺院などの遺跡が今も残っています。ただ、中には写真のように樹木にすっかりおおわれてしまっているものも。

カンガルー

オーストラリアには、ほかでは見られない生き物が何種類も生息しています。地面をピョンピョン跳ねて移動する大型のほ乳類、カンガルーもそのひとつです。

フォー

ベトナムの定番料理フォー。スープの中に米粉で作った麺を入れ、その上に鶏肉か牛肉、それと野菜をのせて食べます。

グレート・バリア・リーフ

オーストラリア北東に広がる巨大なサンゴ礁。ここには、タイマイというウミガメなど何千種もの生き物がすんでいます。

先住民のお祭り
毎年オーストラリアのクイーンズランド州では、オーストラリア先住民の文化を祝うお祭りが開かれます。

ナイト

ナイヤラットは8歳。みんなにはナイトと呼ばれています。住んでいるのは、東南アジアにあるタイという国。タイ人の95%は仏教徒で、ナイトとその家族も仏教徒です。ナイトはいろいろなことに興味があって、ピアノや絵画、テコンドーとたくさんの趣味を持っています。

「一番好きな季節は夏。だって学校が75日間も休みになるんだよ」

ヌアルラット おばさん / アカラット お父さん / ワレエラット お母さん / ラタナポン おばあちゃん / ナイト

家での生活
ナイトの両親は二人とも学校の先生。おばさんとおばあちゃんも一緒の家に住んでいるよ。ナイトは家族とすごすのが大好きで、おばあちゃんとは毎日体操をするほど仲良しなんだ。

ナイトの家

ナイトが着ているのは「ドボク」というテコンドーの道着。

創作が好き
ナイトは芸術家の卵。ピアノや歌だけでなく、絵を描くことに夢中だよ。よくお母さんと一緒に描くんだって。学校のコンテストでは2回も最優秀賞をもらったんだ。

ぼくのサイン

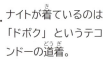

「こんにちは」は何て言う？
Sawadee
サワディー

住んでいるところ
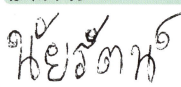
タイはインド洋と南シナ海の間にある。

タイ料理
ナイトのおばあちゃんは家族のために伝統的なタイ料理を作ってくれるんだ。たとえばスパイシーなエビのスープ「トムヤムクン」もそのひとつ。ナイトの好物はサケとステーキだよ。

トムヤムクン

バンコク
ナイトが住んでいるのはタイの首都バンコク。人口は800万人以上。

アイバン

7歳のアイバンは東南アジアにあるマレーシアに住んでいます。アイバンの家族が信仰しているのは、中国古代の宗教であり哲学でもある道教です。また、アイバン一家にとっての新年は、中国のお正月、春節。春節の元日は1月か2月の中でその年によって日にちが変わります。干支があるのは日本と同じです。

ぼくのサイン

Ivan

「こんにちは」は何て言う?

Apa khabar
アパカバール

住んでいるところ

アイバンが住んでいるのは、マレーシアの首都クアラルンプールに近いクランという都市。

クアラルンプールの名所

クアラルンプールのペトロナスタワーは1998〜2004年の間、世界一高いビルだった。

クランにあるアイバンの家

アイバンの家族

アイバンは両親とお兄さんのジェンセン、妹のアマンダ、それとおじいちゃんとおばあちゃんと一緒にくらしているよ。両親は二人とも販売担当の責任者。アイバンは学校を卒業したら、両親と同じ仕事をしたいと思っているんだって。

スティーブン お父さん
ジャスミン お母さん
アン おばあちゃん
アマンダ 妹
アイバン
ジェンセン お兄さん

マレーシア伝統のお菓子。これはカメの甲羅に似せて作ってある。

マレーシア風のスイーツ

アイバンは甘いものが大好き！ マレーシア伝統のお菓子は色がとても鮮やかなんだ。ヤシの砂糖と米粉とココナツなどでできているよ。

「ぼくのヒーローは武道家のブルース・リー。悪者は全員やっつけちゃうんだもん」

道教

アイバンの家にはお祈りのための祭壇がある。道教にはいろいろな神様がいて、その神様たちをまつってあるんだ。良い行いをすること、自然とともに生きること、それが道教の教えだよ。

ぼくのサイン

「こんにちは」は何て言う？

Xin chào

シンチャオ

住んでいるところ

東南アジアにあるベトナム。メコン川はベトナムを通って海へと流れこむ。タイがくらすデルタ地帯はメコン川によってつくられた地形。

タイのハウスボート

タイ

タイは8歳。東南アジアのベトナムで、両親とお姉さんと一緒にくらしています。家はメコン川のデルタ地帯に浮かべたハウスボートです。タイが一年で一番好きなのはベトナムのお正月「テト」。ベトナムではこの時期、誰もが仕事を休み、家族そろって新年を祝うのが伝統です。

「大きくなったら警察官になりたい。地域を守って犯罪と戦うんだ」

ハン お姉さん / キム・チュオン お母さん / タイ / ルオム お父さん

タイの家族

タイのお父さんルオムはギタリスト。お母さんのキム・チュオンは水上マーケットで飲み物を売る仕事をしているよ。お姉さんのハンは11歳。一家は仏教徒なんだって。

これはタイの一家が売っているドリアンという果物。ドリアンは東南アジアの特産品で、強いにおいが特徴だ。

ボートの家

タイが住むボートの家は、昼間はカフェに早変わり。果物や飲み物を通りかかった人に売っているんだって。いそがしい時期には、一日で50万ドン（約2480円）稼ぐこともあるよ。

暑くてたまらないときには、川に向かってジャンプ！

好きなこと

水の中にいるのが大好きなタイは、友だちが住んでいるボートまで泳いで遊びに行くんだって。でも勉強も家の手伝いも忘れない。自分のうちのカフェで飲み物を出したり果物を売ったり、いつも家族を助けているよ。

ベトナムは暑い国なので、タイはTシャツと短パンですごすことが多い。そのほうが涼しくすごせる。

タイのお気に入りの遊びは友だちとする水鉄砲。大きい鉄砲のほうが水がたくさん入るからいいんだって。

ボートにいるときはいつも裸足。

移動手段
陸上では、家族はスクーターを使って移動する。お姉さんのハンは自転車で通学していて、10分ぐらいで着くそうだよ。タイの通学はボートだけど、いつかは自転車で学校に行きたいと思っているよ。

甘じょっぱい魚料理

カー・コー・トー

夕食の時間
ベトナムの伝統料理のひとつ「カインチュア」は、メコン川でとれた魚とパイナップルとトマトとモヤシで作るすっぱいスープ。タイの好物は、チキンを魚醤とニンニクで炒めた料理だよ。

モヤシ

メコン川の魚

カインチュアの材料

トマト

地元の学校
タイとハンは違う学校に行っているけど、どちらの学校の授業も朝早くに始まって午前10時半にはもう下校。だから宿題をしたりボートでの手伝いをしたりする時間はたっぷりあるよ。タイが好きな科目は算数だって。

73

アンドレ

11歳のアンドレはオーストラリアのメルボルンに住んでいます。アンドレはオーストラリア先住民の誇り高き子孫。先住民の文化は6万年以上続いているのです。オーストラリアの子どもたちはみんなオーストラリアンフットボールが大好きで、もちろんアンドレもその一人。将来はプロ選手になりたいと思っているそうです。

森の中の家

アンドレはおじいちゃんとおばあちゃんと一緒にヤラ・バレーでくらしている。家の周りにはゴムの木やシダがたくさん生えているよ。

ぼくのサイン

ANDRE

「こんにちは」は何て言う？

Hello
ヘロー

住んでいるところ

アンドレが住むのは、オーストラリア南東部にあるメルボルンという都市の近く。

ヒールズビル自然動物園

アンドレお気に入りの地元の自然動物園。コアラなどオーストラリアの動物に会える場所だ。

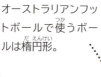

アンドレの家

カレン おばあちゃん　**ロドリック** おじいちゃん

オオボクトウの幼虫

「ブッシュ・タッカー」

先住民はオーストラリアの奥地（ブッシュ）でとった動植物を食べることがあって、こうした食べ物は「ブッシュ・タッカー」と呼ばれているんだ。オオボクトウというガの幼虫やカンガルーも「ブッシュ・タッカー」だよ。

先住民の伝統

アンドレは先住民の文化についておじいちゃんやおばあちゃんからいろいろ教わっているんだって。ディジュリドゥという伝統楽器の吹き方も習ったよ。

ディジュリドゥを演奏するアンドレ

ブーメラン

オーストラリアンフットボールで使うボールは楕円形。

クララとルーシー

クララとルーシーはオーストラリアに住む9歳の双子。ルーシーはクララより2分だけお姉さんです。二人とも動物が大好きで、クララの夢は獣医さん、ルーシーの夢は馬に乗る騎手になることだそう。保護犬を引き取って、ホリーという名前をつけてかわいがっています。

「大人になったらルーシーと一緒に牧場に住むの」

リサ お母さん
ルパート お父さん
ルーシー ホリー クララ ライリー お兄さん

家でのくらし
クララとルーシーの家族は、両親と12歳のお兄さんライリーの5人。家があるのは、メルボルン郊外のブラックバーンという静かな地域だよ。

クララとルーシーの家

学校の制服
オーストラリアの子どもたちは学校に帽子をかぶっていかなければならないんだ。外で遊ぶときに日光から頭を守るためだよ。

パブロバ
夏になると家族で食べるのがパブロバ。焼いたメレンゲにフルーツと生クリームをのせたおいしいデザートだよ。

体操のスター
クララもルーシーも体操チームのメンバー。週に2回は練習をしていて、最近、大きな大会で3位になってトロフィーをもらったんだって。

わたしたちのサイン
Clara   Lucy

「こんにちは」は何て言う？
G' day
グッダイ

住んでいるところ

オーストラリアのビクトリア州にあるメルボルン。

アヒルのエサやり
姉妹の家のそばには美しい湖がある。散歩のついでにアヒルに会いに行くのが二人の日課。

ホリーはコッカースパニエル。

ジェイミー

8歳のジェイミーはニュージーランド生まれ。ラグビーの大ファンで、ニュージーランド代表チームであるオールブラックスはジェイミーの誇りです。だって、人口わずか460万人の国のチームが世界で一番強いんですからね。右の写真のジェイミーは、「ハカ」というマオリ族の戦士の踊りを踊っています。オールブラックスはこの「ハカ」を試合の前に必ず踊るそうです。

できればずっとこのオールブラックスのウェアを着ていたいジェイミー。

ジェイミーのラグビーボールはなんとオールブラックスの選手のサイン入り。

家族

ジェイミーは両親と3人の兄弟と一緒にくらしているよ。お母さんのタウナハはマオリ族。マオリ族は13世紀にニュージーランドに最初に住み着いた人たちで、ヨーロッパ人がやってきたのはそのずっとあと、19世紀のことなんだ。マオリの文化はニュージーランドにとってとても大切なものなんだよ。

タウナハ お母さん / ウェイン お父さん / イーサン お兄さん / ジェイミー / アレクサンダー 弟 / ブレーデン 弟

海岸の家

ジェイミーの家は海のそば。だからジェイミーたち兄弟は庭で遊ぶのにあきるとすぐに浜辺へ行けちゃうんだ。泳ぐのが好きなジェイミーには最高だよね。

ウニ
ウニの中身

浜辺の食べ物
ジェイミーたち兄弟は浜辺で遊ぶだけでなく、岩場の潮だまりにいるウニをとったりもするんだ。ウニはマオリ語で「キナ」。お母さんはウニのとげとげの殻を割って、おいしい中身を取り出す名人なんだよ。

ウニを割るお母さん

ぼくのサイン

「こんにちは」は何て言う？
Kia ora
キアオラ

住んでいるところ

南西太平洋にあるニュージーランド。

ベイ・オブ・アイランズ
ジェイミーが住むのはニュージーランドの北島の北部にあるベイ・オブ・アイランズ。

マオリの文化

マオリの文化とジェイミーの家族の生活とは切り離せない。たとえば特別な行事のときにはおじいちゃんが伝統料理「ハンギ」を作ってくれるんだ。「ハンギ」とは、地面に掘った穴の中に熱した石を敷き、その上に食材を置いてから土をかける蒸し料理だよ。また、ジェイミーは普段からよくワイタンギ・トリティ・グラウンドという場所に行っているよ。展示されているマオリ族の戦闘用カヌー「ワカ・タウア」を見るのが好きなんだって。

特別なビーズ
ジェイミーは小さいとき白血病という血液のガンにかかっていて、3年間とても具合が悪い時期があったんだ。その間、つらい治療を乗り越えるたびにビーズを1つもらっていた。今はたくさんたまったビーズを見ては健康になったことを感じてハッピーな気持ちになるんだって。

ジェイミーがもらったビーズは全部で900個！

「ぼくは今、8歳以下のラグビーチーム『ザ・ユナイテッド・カワカワ』のメンバーなんだ。夢はオールブラックスに入ることだよ」

手作りドリンク
ジェイミーが健康でいるために飲んでいるのがコンブチャという特別な飲み物。コンブチャとは、イースト菌と細菌を甘くした紅茶に加えて1週間ほど発酵させたもの。お母さんが作ってくれるんだ。想像よりおいしいらしいよ。

用語集

アパートメント
大きな建物をいくつかに区切った住宅。マンションという呼び方は、日本だけのもの。

アントニ・ガウディ（1852-1926）
スペイン出身の有名な建築家。1882年から着工した代表作のサグラダ・ファミリア（聖家族教会）は、今でも工事が続けられている。

イード
イスラム教の最大の祝日。イスラム教では、「ラマダン月」と呼ばれる30日の間、断食が行われる。イードはその終わりを祝う祭り。

イギリス
ヨーロッパの北西部に位置する島国で、イングランド、スコットランド、ウェールズ、北アイルランドの4つの地域で構成されている。首都はロンドン。

イスラム教
7世紀にアラビアのメッカに生まれた預言者ムハンマドが広めた宗教。唯一の神アッラーの教えを守る。信者は中東や北アフリカ、アジアなどに多い。

オーストラリアンフットボール
ラグビーをもとにしてオーストラリアで発展した球技。各チームのメンバーは18人。楕円形のボールを蹴り、ゴールポストを通過させれば得点となる。

カトリック
キリスト教の考え方のひとつ。カトリック教会で一番位の高い指導者は法王と呼ばれ、ローマのバチカン市国に住んでいる。

キリスト教
イエス・キリストの教えを信じる宗教。

イエスは約2000年前に中東地域に住んでいた。

クリケット
2チームで戦う球技。各チームのメンバーは11人。バッターは投手の投げた硬くて丸い球を打ち、ウィケットと呼ばれる2本の木の柵の間を通過させれば得点となる。

クリスマス
イエス・キリストの誕生を祝うキリスト教の祭り。12月25日に行う地域が多い。

公用語
ある国や地域で、おおやけの場での使用が定められている言語。国の場合、国語ともいう。1つの国に複数の公用語がある場合もある。

支流
小さな川は下流に進むとやがて大きな川に流れ込んで合流することがある。その合流前の小さな川のことを支流と呼ぶ。

新・世界の七不思議
2000年代に、古代の七不思議にならい、インターネットの投票によって選ばれた現代版の七不思議。万里の長城（中国）、タージ・マハル（インド）などがある。

聖体拝領式
カトリック教会で行われる儀式。司祭に祝福されたパンを信者が食べる。子どもがはじめて聖体拝領を行うことを初聖体拝領式という。

世界の七不思議
今から約2000年前、古代ギリシャの旅行家フィロンが選んだとされる、見るべき価値のある7つの巨大建造物。ギザの大ピラミッド（エジプト）、アレクサンドリアの大灯台（エジプト）、ロー

ドス島の巨像（ギリシャ）などがある。

チャールズ・ダーウィン（1809〜1882）
英国の博物学者。5年にわたりビーグル号の世界一周航海に加わり、動植物や地質を調査し、進化論を発表した。

テコンドー
空手とキックボクシングを合わせたような格闘技。韓国の国技。

デルタ地帯
河川に運ばれた土砂が河口近くにたまってできた、低くて平らな地形。「三角州」とも呼ばれる。

道教
古代の中国に生まれた宗教。複数の神をまつる。

熱帯雨林
赤道近くの高温多湿の地域にみられるうっそうとした森林。動植物の種類がとても多く、世界の自然環境にとって大きな役割を果たしている。

ハカ
ニュージーランドのマオリ族の戦士たちが戦いの前にみせる伝統的な踊り。ニュージーランドのラグビーチームが試合の前に踊ることでも有名。

ハロウィン
秋の収穫を祝い、悪霊を追い出す古代ケルト人の祭りが起源。アメリカでは、10月31日にかぼちゃの提灯などをかざり、おばけなどの仮装をして楽しむ。子どもたちは近所の家をまわって「お菓子かいたずらか」と質問をして、お菓子をもらう。

ビシュノイ
ビシュノイという29の戒律を厳格に守ってくらす人たちのこと。この戒律はインドの村で誕生したもので、動物や樹木、環境を大切にする。

ヒンズー教
インドで生まれた宗教。複数の神々をまつり、人が死ぬと、また生まれ変わると信じられている。

仏教
約2500年前にインドにいた釈迦（ゴータマ・シッダールタ）がとなえた

教え。日本には、6世紀に中国をへて伝わった。

ボーイスカウト
自然の中で生活する方法など、子どもたちの役に立つ知識や技術を教える世界規模の活動。

モスク
イスラム教の礼拝所。信者は身を清めてから、聖地メッカ（サウジアラビア）の方角に向かってひざまずいて拝む。

モンテッソーリスクール
イタリアの教育家モンテッソーリが考案した教育法が行われる学校。生徒自身の成長しようとする力を引き出す。

ユダヤ教
唯一の神ヤハウェを信じるユダヤ人の宗教。教義をまとめた聖典には「旧約聖書」と「タルムード」がある。

ラグビー
2チームで戦う球技。各チームメンバーは13人か15人。楕円形のボールを持って相手チームの陣地を進み、ゴールラインの先の地面にボールを着ければ得点になる。

さくいん

あ
アイルランド　25、27
アオガラ　24
赤の広場　37
アコンカグア山　16
アジア　50-73
アスタナ（カザフスタン）　64
アディスアベバ（エチオピア）　41
アテネ（ギリシャ）　32
アフリカ　38-49
アマゾン川　16
アメリカ　6-7、9-13
アメリカ先住民　12-13
アリゾナ州（アメリカ）　6
アルゼンチン　16-17、20-21
アルフレッド大王　26
アンコール遺跡　68
アンデス　16
アンデス山脈　16
アンヘル滝　16
イード　62-63、67
イギリス　25、26
イスラエル　51、66
イスラム教　40、47、62-63、67
イリンガ地方（タンザニア）　42
インカ帝国　16
イングランド（イギリス）　26
インド　51、60-61
インドネシア　68-69
ウイスキルカン（メキシコ）　15
ウィンチェスター（イギリス）　26
ウランバートル（モンゴル）　54
エチオピア　39、41
エベレスト山　50
エルサレム（イスラエル）　66
エルブルス山　24
エントット山　41
オーストラリア　69、74-75
オーストラリア先住民　68、74
オセアニア　68、74-77
オハイオ州（アメリカ）　9

か
ガーナ　39、46
カカボラジ山　68
カザフスタン　51、64-65
カスピ海　24
カタルーニャ州（スペイン）　33
カトリック教会　21
カナダ　6-7、8
カラハリ砂漠　44
カンガルー　68
韓国　51、58-59
北アメリカ　6-15
ギリシャ　25、32
キリスト教徒　41、44、48
キリマンジャロ山（タンザニア）　38
グアテマラ　6-7
クアラルンプール（マレーシア）　71
グダニスク（ポーランド）　29
グヤーシュ　24
クラン（マレーシア）　71
グランドキャニオン　6
クリスマス　21、34
グレート・バリア・リーフ　68
クレムリン大宮殿　37
クロコダイル川　49
ケープタウン（南アフリカ）　47
ケニア　39、42
ケベック州（カナダ）　8
ゴビ砂漠　54-55
コロセウム　24
コロンビア　16-17、22-23

さ
サウスカロライナ州（アメリカ）　10
ザクセン州（ドイツ）　35
サクモノ（ガーナ）　46
サグラダ・ファミリア大聖堂　33
サン族　44-45
サンパウロ（ブラジル）　16
ザンビア　39、45
ジェファーソン川　6
紫禁城　52-53
死者の日　15
ジャカルタ（インドネシア）　68
ジャンブヘシュワール導師　61
春節　53、71
ショーニー族　12
シンド州（パキスタン）　63
ジンバブエ　39、45
スウェーデン　25、36
スカンジナビア　36
すし　50
ストックホルム（スウェーデン）　36
スペイン　25、33
セビーチェ　16
ソウル（韓国）　58-59

た
ダーウィンハナガエル　16
タイ　69、70
タビー（スウェーデン）　36
タンザニア　38-39、42
千葉県（日本）　56
中国　50-51、52-53
中東　66-67
チュソク　59
長江　50
チンギス・ハン　54
ツァガーン・サル　54
ツォンガ族　49
ツノニガウリ　38、45
ティーピー　13
ディワリ　60
デカール（ボツワナ）　45
テト　72
デナリ山　6
ドイツ　25、34-35
東京（日本）　50、56
道教　71
東南アジア　68-73

な
ナイジェリア　38-39
ナイル川　38
ナウルズ　64
ナミビア　39、45
ナンシー（フランス）　30
日本　50-51、56-57
ニュージーランド　69、76-77
ニュージャージー州（アメリカ）　11
ニューデリー（インド）　60
ニューヨーク市（アメリカ）　11
熱帯雨林　16、38
ネルスプリット（南アフリカ）　49
ネルソン・マンデラ　47
ノースカロライナ州（アメリカ）　10

は
バーレーン　51、67
ハイログマ　6
バイテレク・タワー　65
パキスタン　51、62-63
バシーリー聖堂　37
バルセロナ（スペイン）　33
パルテノン神殿　32
ハロウィン　9、12
バングラデシュ　50-51
パンケーキ　6
バンコク（タイ）　70
万里の長城　50
ヒールズビル自然動物園　74
ビシュノイ　61
ピラミッド　38
ヒンズー教　60
フィヨルド（ノルウェー）　24
フィリピン　26、69
フィンランド　25、28
ブエノスアイレス（アルゼンチン）　20-21
フォー　68
フォートミル（アメリカ）　10
仏教　50、56、70、72
ブラジル　16-17、18
フランス　25、30-31
プレトリア（南アフリカ）　47
ベイ・オブ・アイランズ（ニュージーランド）　77
北京（中国）　52-53
ベトナム　69、72-73
ペトロナスタワー　71
ヘナ　63
ヘルシンキ（フィンランド）　28
ベルベル人　40
ベンガルトラ　50
ポーランド　25、26、29
ホーリー　60
ボツワナ　39、44-45
ボルガ川　24

ま
マオリ族　76-77
マサイ族　42-43
マチュピチュ（ペルー）　16
マナマ（バーレーン）　67
マヤ遺跡　6
マラケシュ（モロッコ）　40
マレーシア　69、71
ミシシッピ川　6
ミズーリ川　6
南アフリカ　39、47-49
南アメリカ　16-23
ミャンマー　68-69
メキシコ　6-7、14-15
メキシコ市（メキシコ）　6、15
メコン川　68
メルボルン（オーストラリア）　74-75
モシャブ（イスラエル）　66
モスクワ（ロシア）　24、37
モロッコ　39、40
モンゴル　51、54-55
モンタナ州（アメリカ）　12-13
モンテリア（コロンビア）　22
モントリオール（カナダ）　8

や
ユダヤ　66
ユルト　55
ヨーロッパ　24-37

ら
ラグビー　76、77
ラゴス（ナイジェリア）　38
ラジャスタン州（インド）　61
リオデジャネイロ（ブラジル）　18
リオのカーニバル　19
リヨン（フランス）　31
ルアハ国立公園　42
レジェス・マゴス　21
ロシア　24-25、37

Acknowledgements

DORLING KINDERSLEY would like to thank Caroline Hunt for proofreading, Helen Peters for the index, and Simon Mumford for his help with the maps. DK would also like to thank everyone who helped to organize the photoshoots, in particular Latifa Aliza, Martha Hardy, Maham Ali, Noor Jehan Dhanani, Anne and Greg Laws, and Fulbridge Academy. Most importantly, DK would like to say a massive thank you to all of the children and families featured in this book!

The publisher would like to thank the following for their kind permission to reproduce their photographs:

(Key: a-above; b-below/bottom; c-centre; f-far; l-left; r-right; t-top)

6 Corbis: Macduff Everton (cla); Radius Images (crb); Robert Michael (b). **Dorling Kindersley:** Greg Ward / Rough Guides (clb). **Getty Images:** Andrew Burton (cr); Independent Picture Service / Universal Images Group (cra). **7 Alamy Images:** Jim Lane (bc). **Corbis:** 68 / Ocean (clb); Michio Hoshino / Minden Pictures (tl); Yew! Images (fclb); David Turnley (fbl). **Getty Images:** Chris Jackson (fbr); Elmer Martinez / AFP (br). **8 Corbis:** Philippe Renault / Hemis (br). **15 Dorling Kindersley:** Sony Computer Entertainment Europe / Sanzaru Games (fcra). **iStockphoto.com:** maogg (fcla, cla). **16 Alamy Images:** AM Corporation / Aflo Co. Ltd. (clb); Alice Nerr (fcla); Florian Kopp / imageBROKER (fcr); Kuttig - Travel (bl); FB-Fischer / imageBROKER (fbr). **Dorling Kindersley:** Suzanne Porter / Rough Guides (cr). **naturepl.com:** Bert Willaert (tc). **17 Alamy Images:** Anthony Asael (tl); Danny Manzanares (cr); Heiner Heine / imageBROKER (ftr/girl); Wilmar Photography (ftr); Mercedes Soledad Manrique (fclb); Lafforgue Eric / hemis.fr (fbr); Thomas Cockrem (fbr). **Corbis:** Annie Belt (fcr). **Dreamstime.com:** Chicco7 (cl); Sjors737 (fbr). **Getty Images:** Domino / Photodisc (br). **18 National Geographic Creative:** Mike Theiss (b). **21 Corbis:** Lawton / Photocuisine (clb); Jeremy Woodhouse / Masterfile (b). **Getty Images:** FotografiaBasica / E+ (cb). **22 Alamy Images:** EPA European Pressphoto Agency B.V (cl). **24 Alamy Images:** ITAR-TASS Photo Agency (cr). **Corbis:** Sergei Bobylev / ITAR-TASS Photo Agency (cra); Serguei Fomine / Global Look (crb). **Dorling Kindersley:** Getty Images / Stockbyte / John Foxx (ca). **iStockphoto.com:** Nikolay Tsuguliev / Tsuguliev (cl). **25 Alamy Images:** Bosiljka Zutich (bc). **Getty Images:** Paul Biris / Moment (bc); Ragnar Th. Sigurdsson / age fotostock (fclb); Holger Leue / Lonely Planet Images (fcr); Hilary Helton / Photolibrary (fcrb). **28 Getty Images:** Milamai / Moment Open (fbl). **32 Dorling Kindersley:** Michelle Grant / Rough Guides (cra). **33 Corbis:** Lucas Vallecillos / ZUMA Press (cra). **37 Getty Images:** Vladimir Zakharov / Moment (bl). **38 Corbis:** Peter Groenendijk / robertharding (b). **Getty Images:** Sean Caffrey / Lonely Planet Images (cr); Tim Laman / National Geographic (cl); Mike D. Kock / Gallo Images (cr). **39 Corbis:** Anthony Asael / Art in All of Us (tl). **Getty Images:** JD Dallet / arabianEye (cra); Ken Scicluna / AWL Images (tc); John Warburton-Lee / AWL Images (crb); Guy Moberly / Lonely Planet Images (fcl); yoh4nn / E+ (fclb); Nigel Pavitt / AWL Images (bl); Ariadne Van Zandbergen / Lonely Planet Images (ftr). **40 Getty Images:** Amaia Arozena & Gotzon Iraola / Moment Open (bl). **41 Getty Images:** Aaron Huey / National Geographic (bl). **49 Corbis:** Ullstein Bild (cr). **50 Alamy Images:** Sean Pavone (cra). **Corbis:** Spaces Images / Blend Images (b). **Getty Images:** Demetrio Carrasco / AWL Images (crb); Eric PHAN-KIM / Moment (cr). **51 Getty Images:** Ishara S. Kodikara / AFP (bl); Hans Neleman / The Image Bank (tr); Steven L. Raymer / National Geographic (cla); Jane Sweeney / Lonely Planet Images (cl). **54 Corbis:** Christophe Boisvieux (bl). **56 Getty Images:** Roevin / Moment (fbl). **59 Dorling Kindersley:** Martin Richardson / Rough Guides (cr). **67 Corbis:** Jane Sweeney / JAI (bl). **68 Alamy Images:** Steffen Binke (cra); Worawan Simaroj (bl); Travelscape Images (br). **Corbis:** Jose Fuste Raga (cl). **Dorling Kindersley:** Barnabas Kindersley (cla). **Getty Images:** Eye Ubiquitous / Universal Images Group (bl). **Science Photo Library:** Diccon Alexander (ca). **69 Alamy Images:** Douglas Fisher (ftr); Alida Latham / Danita Delimont (tr); Michael DeFreitas Pacific (cr); Sean Sprague (fcl). **Getty Images:** Auscape / UIG (fcra); Ben Davies / LightRocket (tl); Chris Jackson (fclb). **70 Dorling Kindersley:** Martin Richardson / Rough Guides (br). **77 Alamy Images:** Charles O. Cecil (cl). **Dorling Kindersley:** Paul Whitfield / Rough Guides (cra).

All other images © Dorling Kindersley
For further information see: www.dkimages.com

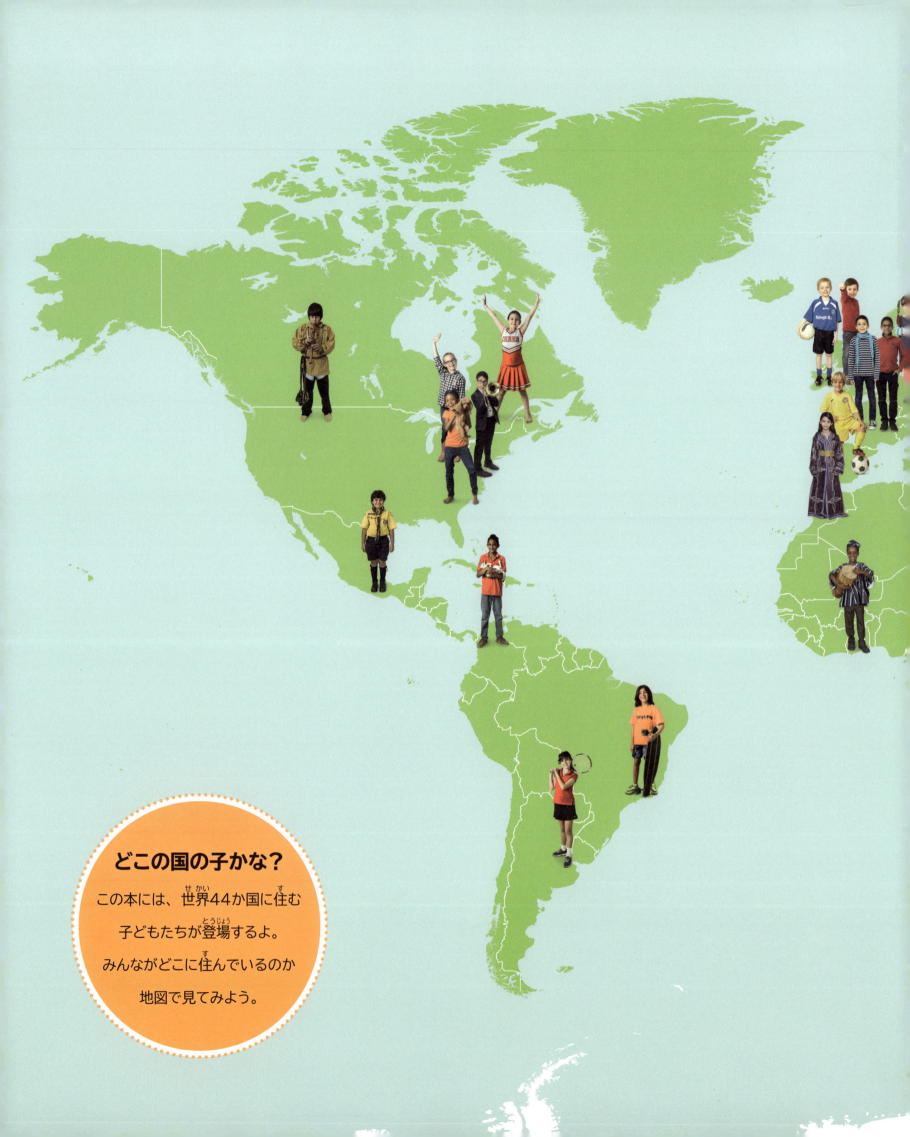

どこの国の子かな？
この本には、世界44か国に住む子どもたちが登場するよ。みんながどこに住んでいるのか地図で見てみよう。